U0922815

人为什么会吵架

冲突背后的创伤触发

From Triggered to Tranquil

[美] 苏珊 · 坎贝尔○著
崔子涵　刘璐○译

ZHEJIANG UNIVERSITY PRESS
浙江大学出版社

序

触发、创伤和触发原理

自愈之路

情感创伤和创伤反应让我们和他人爆发冲突，对孩子大发雷霆，在高速公路上路怒症发作，回复邮件时怒按“发送”键，会议中途摔门而去，和亲人争吵计较，做出短视的决定。

本书是一本自助指南，适用于在人际关系中容易情绪激动、不知所措、心生戒备或关闭心门的人，然而，这几乎涵盖了所有人。童年时期经历过的伤害和失望往往会给我们的内心蒙上一层持久的阴影。这些不安全感会以触发反应的形式反映在我们成年后的人际关系中，但这也并非是件坏事。在本书中，你将学习如何处理触发反应，治愈童年创伤，与他人建立更深的联系，更深刻地意识到生而为人的意义。

如果你曾经得到过这样的评价——你太敏感了或你太情绪化了，那你可能已经意识到这个问题了。如果你或者对事物漠不关心，或者常常自责、常常对自己失望，或者性格温和，只是面对有攻击性的人才会有较大的情绪起伏，那你需要的仅仅是与这些人相处的小技巧。但即使是这些很少被触发的人，他们很有可能也有隐藏起来的情感创伤，说不定在未来的哪一天就会爆发出来。

本书将会教你如何快速捕捉触发反应，进行自我安抚，及时恢复理智。但潜在的前提是我们可以治愈童年创伤，而要想治愈童年创伤就需要了解所谓的“触发原理”。触发原理是指人被触发后会产生战斗、逃跑或冻结的反应，在这些状态下，人可能会变得愤怒，感到胸闷，甚至想要藏起来等。一旦我们捕捉到这些反应，我们就可以借此机会探索我们恐惧、受伤和其他不舒服的感觉。随着时间的推移，这会有助于我们从更广阔的角度看待痛苦的经历，我们也会渐渐意识到感到痛苦或恐惧并不意味着我们有缺陷。事实上，痛苦的情绪反而可以成为我们深入探索人生意义和人际关系的一种途径。

本书的每一章都会以一两句摘抄语句开始，指出每一章的关键概念。虽然我们的一些反应是被他人触发的，但本书中的大部分练习都可以由读者独自完成。本书的第一部分教你认识和处理你的触发反应。本书的第二部分则介绍了如何在伴侣、朋友、亲子、同事、团体甚至与陌生人的关系中应用这些练习。

在练习过程中，你需要回忆曾经发生过的触发反应，留意自己当时的情绪、感受和想法。这种回溯很有必要。在理想情况下，再次面对这些触发反应时,你会更为得心应手,游刃有余。常言道,熟能生巧,触发反应的练习也是如此。

人类冲突的真相

我进入心理治疗领域的初衷就是帮助他人过上更快乐、更有意义的生活。入行55年,我似乎触及了人类感到痛苦、发生冲突和人际关系异常的真相。事实上,冲突的真相就在于我们不知如何处理自己的痛苦情绪和愤怒反应,反而将原因归于他人,行差踏错,引起不必要的冲突。如果我们能学会直面和处理生活中的痛苦,而非一味指责、推诿、否认和压抑,世界将会变得更理智、更安全、更友好。正是这些未愈的情感创伤和创伤反应让我们和他人爆发冲突,对孩子大发雷霆,在高速公路上路怒症发作,回复邮件时怒按“发送”键,会议中途摔门而去,和亲人争吵计较,做出短视的决定。这些无形或内在的反应让我们羞于吐露爱意,畏于在工作中为自己辩解一二,和伴侣相处时小心翼翼,在众人面前发言时畏首畏尾。

我们被触发的次数远比我们意识到的要多。当我们处于这种状态时,大脑中原始的蜥蜴脑占了上风,抢走前额叶皮层的工作,替我们做出片面的、缺乏远见的决定。因此,在处理事情之前,我们要学习解除被触发的警报,让前额叶皮层重掌大权,帮我们做出决定。

我们的警报系统被触发时,神经系统会迅速释放出强烈的神经化学物质,如肾上腺素(激活荷尔蒙)和皮质醇(压力荷尔蒙),然后我们会下意识做出反应,失去大局观,对可行的方案视而不见,把具有创造性的解决方案抛诸脑后，行动方式则变得刻板僵化。此刻，我们退化成最不理智的自己，有点像被逼到绝境的动物。

但这并非我们的过错，被触发并不代表我们品行恶劣或缺乏意志力，同样，这也不是触发我们的人的过错。被触发是人类神经系统的一种生存机制，人人都需要学会应对这种触发反应。人类大脑的杏仁核区域天生就有这种生存警报系统，最初，这个警报系统是为了提醒我们的祖先注意周围潜在的危险而进化成的，这个系统时刻处于扫描危险的状态，为了确保生存安全，它的工作机制是下意识地快速反应，换言之，先行动、后思考。因此，原始人类在面对剑齿虎等捕食者时，甚至是其他略有相似的事物时，大脑会立刻做出战斗、逃跑或冻结反应。在原始时代，本能反应称得上是一种进化优势，因为这样大脑就无须费时评估眼前的情况到底是真危险还是假警报。

人际关系散发的“危险”气息

在现代社会，我们不必再过着老虎时不时从灌木丛中跳出来的惊心动魄的生活。如今，我们的生存警报系统主要是在扫描另一种危险：事关我们生存的重要东西是否受到威胁或有受到威胁的风险。这些东西可能包括以下几种。

- 值得信赖的关系
- 他人的认可或接受

- 自我形象，如在他人眼中是有能力的、强大的，善良的、诚实的、聪明的、正确的、值得信赖的等
- 经济保障
- 群体融入感或归属感

当然，这个世界仍然存在着一些威胁我们身体健康的危险，如高速公路上鲁莽的司机，或急诊室中过长的等待。这些并不是本书的重点，除非这些危险激发了震惊创伤，如被醉酒的司机撞倒，激发了被醉酒的父母或不负责任的哥哥姐姐殴打的童年的创伤。这种身体创伤会留下持久的情感伤痕，如果受害者事后没有人可以交谈或没有得到安慰，情况会更为严重。无论你被触发的诱因是什么，本书中的练习都将帮你整理那些未经处理的创伤，教你学会勇敢面对生活。

我们可以学习引导触发反应，避免下意识产生的战斗、逃跑或冻结反应。这种引导其实是大脑高级神经中枢的功能，即额叶和前额叶皮层区域功能。在进化过程中，人类发展了大脑的高级神经中枢，改善了中低级神经中枢的快速反应能力。比如，老板语气平淡时，我们的本能反应是想开启防御模式，但高级神经中枢能够提醒我们，语气平淡不一定意味着不赞成。此外，高级神经中枢还可以让我们进行自我监督，避免下意识反应，有意识地做出符合实际情况的反应。虽然我们可能经常被触发，经常快速做出应激反应，但

当我们感受到批评的语气时，我们可以学会在应激反应开始前立即捕捉并打断它。

生活希望我们从经验中学习、发展、自愈，进而成为更好的自己。生活也为我们提供了治愈自己和进化所需的一切。我们所要做的就是耐心、细心地去面对生活中的每一刻。但当我们处于下意识状态时，我们无法从经验中学习，因为我们无法看到、听到和感觉到实际发生的事情。如果我们要学会掌握触发反应，我们必须学会放慢脚步。

触发反应可以加深自我认知

我一直以来都致力于帮助人们放慢脚步，集中精力，及时捕捉，适时叫停下意识反应，全盘考虑后再采取行动。放慢脚步，捕捉将分歧看作批评的下意识反应。放慢脚步，不要急不可耐地向约会对象要一个承诺。放慢脚步，不要在争吵中夺门而出，不要拒绝沟通，也不要假意赞同。

学习识别触发反应是本次旅程的起点。触发反应是进入人类下意识的门户，帮助我们意识到并理解自己的所作所为，尤其是那些弄巧成拙的事情。例如：求爱失败时，我们恼羞成怒；或者教授说我们的作业做得不好时，我们心生不满。

我们的触发反应是帮助我们理解和体现一个更漫长的生命过程的大门，我喜欢将这个生命过程称为“整体”。在我看来，生活本身就是关于整体的，将系统的各个部分整合成越来越紧密的整体。我们的触发反应可以帮助我们看到我们没有意识到的方面。当我们探索这些反应时，我们会发现自己被否认、遗弃或压抑的部分。这是人类的下意识领域，心理学家将其称为我们的“影子”。当我们进入这个门户时，我们会遇到被遗忘的伤害、失望、不解，未满足的童年需求，习惯性自我保护的人格，以及为了满足不安的自我，需要变得知识渊博、善良、拥有正确的价值观和世界观。发现并学习接受这些丢失的部分有助于我们进一步发掘独特的个人潜力。当我们接受并喜欢这些部分时，我们就会变得更加完整。

创伤和触发反应的相关定义

心理学家和心理健康专家为不同类型的神经系统功能障碍创建了一套相当完善的定义。他们用术语“震惊创伤”来定义那些超出人的应对能力的突然的压倒性事件。例如目睹了暴力行为或发生了悲惨的事故。这些事情可以发生在任何年纪。专家将“发展性创伤”一词用于描述儿童在成长过程中在原生家庭中被长期忽视、虐待或处于混乱不堪的情况。发展性创伤通常并不是一朝一夕就会形成的，也不是一次事件就能引起的。

通常，创伤这个词可能意味着发生了超过一个人应对能力的一个事件或一系列事件，可能是悲惨的车祸，也可能是父母的长期忽视。这个词可以指创伤事件的影响，如“她遭受了头部创伤”或“她遭受了情感创伤”。创伤是过去发生的事情。通常认为，如果受到创伤的人没有机会处理、谈论创伤事件或在事后得到他人的及时安慰，创伤的影响会更加持久和严重。

“触发”一词表示当前的线索或事件刺激了过去的创伤。触发既可以当动词，也可以当名词。吼声可以触发（动词）一个人对被控制或被压制的恐惧，而这个吼声也是人采取自我保护姿势的触发器（名词）。这种触发背后的原始创伤可能是童年时被父母吼叫的经历，或者在学校被嗓门大的人欺负的经历。本书主要关注人们的触发反应，有时也称之为“创伤反应”，人们在这些状态下会被激发出争吵、逃跑或冻结的反应。如果响亮的声音是触发因素，这个人的反应可能是大喊大叫（争吵）、离开房间（逃跑）或者沉默不语（冻结）。反应的范围可以从轻微，比如不满，到严重，比如麻木。触发刺激有时会导致“闪回”。闪回是一段短暂生动、令人恐惧的记忆，它似乎凭空出现，让人感觉突然回到了创伤情境中。有时在没有任何明显刺激的情况下也会发生闪回。

◇ 依恋创伤 ◇

有一种重要的发展性创伤被称为“依恋创伤”。该术语是指那些常见的忽视、虐待或混乱行为，会干扰婴儿或儿童与其照料者的安全依恋或联系，破坏婴儿或儿童的信任感，他们会认为自己的需求不重要，或者不可以大胆表达他们的感受和需求。大多数人遭受依恋创伤，仅仅是因为父母太忙或太过专注于自己的问题，无法完全满足孩子的需求。所有儿童都有依恋需求，例如在他们受伤或害怕时给予关爱、抚慰和安全承诺。这种来自他人的安全承诺叫作协同调节。

人类从婴儿期开始，一直到童年时期，甚至到青少年时期，都需要亲子协同调节。另一种持续到青少年时期的依恋需求是尊重主权或独特的人格。如果父母将孩子视为满足私心、拥有快乐或获得地位的工具，就会侵犯孩子主权，可能会对孩子造成伤害，让孩子产生不安全感。

其实，人类贯穿一生的基本依恋需求就是感觉自己并不孤单，在遇到困难时可以寻求安慰或得到庇护。研究表明，如果儿童或成人在遭受创伤性事件后，可以得到支持、和他人沟通，创伤带来的影响将会小得多。

人非机器

人被激怒时，常常说："那个人触发了我的开关。"这句话说明了人类一旦感知到危险，就会下意识产生反应，就像有人按下了机器上的开关一样。如果我们按下机器的按钮，或扣动枪支的扳机，它们就会开始一系列事先设定好的反应或运行自动程序。人非机器，但我们经常表现得像机器一样——如果有人不同意我们的观点，我们会忍不住解释，或者如果我们听到砰的一声关门声，我们会认为我们的室友生气了。我希望这本书可以告诉我的读者，我们克服这种不幸的设定，我们在任何时刻都可以全面思考，而不是只能放任自己开启僵化的、类似机器的反应模式。

当你认识到自己的触发反应时，掌握触发因素的旅程就开始了。触发反应可能很明显，比如你会对占用你停车位的人大吼大叫；也可能很隐蔽，比如有人打断你讲话，你觉得被忽视了，但你不想小题大做。本书第一部分的重点就是认识和处理你的触发反应。这些章节围绕五个基本任务展开，即触发原理的五个步骤：承认并接受你的不安；了解自己独特的触发信号；停下来，自我调节；关注自己的感觉和情绪；缓和气氛。这些章节提供了每一步的具体做法，读者完全可以独立完成。

第二部分展示了如何在不同类型的关系中应用这些实践，包括伴侣关系、亲子关系、朋友关系、工作关系、群体关系等，涉及生活的方方面面。

FROM TRIGGERED
TO TRANQUIL

目 录

第一部分/反应转变练习

01 **从此端到彼端**

触发原理的五个步骤

003

02 **承认并接受你的不安**

抛下羞耻和责备

013

03 **了解你独特的触发信号**

发现早期预警信号

043

04 **停下来,自我调节**

重拾内心的安全感

061

05 **关注自己的感觉和情绪**

心胸宽广，充满爱意

077

06 **缓和气氛**

重归于好

101

第二部分/在关系中实践

07 **我和我的亲密伴侣**

123

08 **我和我的孩子**

149

09 **我和我的朋友**

167

10 **当我在群体活动中**

179

11 当我在领导的过程中

195

12 世界局势

221

总结

240

FROM TRIGGERED TO TRANQUIL

第一部分

反应转变练习

FROM TRIGGERED TO TRANQUIL

01

从此端到彼端

触发原理的五个步骤

> 随着了解的深入，我们意识到，拥有一触即发的暴躁脾气并不意味着我们有缺陷，我们也不需要为此感到愧疚。我们可能还会发现一些内心深处的悲伤，这些悲伤源自让我们感到不安的童年经历，但对过往的创伤感到悲伤实际上并非坏事。

许多人不愿承认自己的触发反应。这其实很正常，也完全可以理解。事实上，不敢直面情绪不适正是治疗童年创伤的主要障碍，这种现象在日常生活中越来越常见。本章概述了本次治疗之旅的五个任务或技能，后续章节将详细描述每一步的具体做法。触发原理包括以下五个步骤。

1. 承认并接受你的不安；

2. 了解你独特的触发信号；

3. 停下来，自我调节；

4. 关注自己的感觉和情绪；

5. 缓和气氛。

承认并接受你的不安

当你能够注意到自己被触发了，并接受你会被触发，其他人也会被触发，以及其他人有时会被你触发，这就代表你的自愈之旅已经可以启程了。你接受了你的许多不适感其实是源于他人，这种接受意味着你不再因为自己被触发或触发他人而感到自责。你知道这其实是正常的。你可能不喜欢你会被触发这个事实，但你要知道人人都会被触发。对于触发反应较为强烈的人来说，接受更为容易。但对于触发反应源于他人的批评、痛苦的分手或破裂的友谊的人来说，接受可能比较难，他们可能会因为自己的失态而陷入深深的自责。如果你发现你难以面对自己被触发的事实，你可能需要跟着这本书慢慢练习。记住，宁慢勿快，慢下来进行深层次的自我体验。

这一步涉及的术语包括大脑构造，童年创伤和羞耻心。随着了解的深入,我们意识到,拥有一触即发的暴躁脾气并不意味着我们有缺陷,我们也不需要为此感到愧疚。我们可能还会发现一些内心深处的悲伤,这些悲伤源自让我们感到不安的童年经历,但对过往的创伤感到悲伤实际上并非坏事。悲伤让我们接受自己的过往。最终,我们不再把自己的反应归咎于他人,不再把时间浪费在后悔上。

我们能够做到这点时就意味着我们已经开始接受了。这时的我们可以直面自己,直面他人,直面整个事件。当然,这并不可能一蹴而就,而是需要练习。本书的练习可以帮助到你。

起初,你可能意识不到你被触发,如果你的触发反应大部分是内在的或无形的,情况尤为如此。比如,心中对他人的不满和揣测,头脑一片空白或害怕表达。完成本书的练习后,你就能够学会承认和接受你被触发的事实。

了解你独特的触发信号

每个人的笔迹都有其独特之处,有的又小又紧凑,有的又大又醒目,有的可能介于两者之间。同样,人的触发信号也都各不相同,不过,这些触发信号都是源于核心恐惧,如害怕被拒绝、被抛弃、被忽略、不够优秀,等等。我们的触发信号上留有我们依恋风格的独特印记。如果你属于占有或焦虑风格,一旦被触发,你会紧追不舍、反复试探、刨根问底、咄咄逼人、疑神疑鬼,甚至攻击他人。如果你属于回避风格，一旦被触发，你会沉默不语、心生戒备、反复解释、不动声色、默默评判、夺门而去或者尝试修复。了解自己独特的触发信号有助于我们快速意识到自己被触发的事实。这是走向成功的重要一步。

但我也想说明，当我使用诸如占有或回避等标签时，我是为了更方便地指出行为模式。所有行为模式都有其连续性。正如没有绝对的风格一样，也没有人是绝对的回避风格、占有风格或安全风格。例如，某人的行为可能兼有回避风格和安全风格的影子。阅读本书时，请你记住，没有绝对的风格或类型，只有相对明显的趋势。许多回避风格的人难以察觉自己被触发了，因为他们的触发信号是别人对他们不满，他们会认为自己是受害者，比如："都怪他们，我本来没事的。"他们的核心恐惧或下意识的不安全感可能被深深地隐藏了起来，所以需要用他人的爆发（比如一个反应强烈或让人失望的同伴）来挖掘他们隐藏的恐惧。他们经历的发展性创伤或忽视可能发生在他们有语言能力或有记忆之前。这些受到轻度忽视的孩子往往会成长为自力更生的普通人，对他人不抱期望，适应性强，讨人喜欢。这是他们避免失望或沮丧的保护机制。他们一直都压抑着自己的依赖需求，所以他们可能从未意识到在他们活泼或平和的人格下未被满足的需求。因此，他们可能终其一生都无法满足自己的需求，因为他们早就习惯了对别人不抱期望。

当你开始摸清你的触发信号时，你就会有能力注意到你被触发的事实，掌控触发反应，这也是承认和接受的一部分。一旦被触发，你的理智就会下线，在被触发的状态下留意触发反应并不容易，所以，你需要练习暂停，这就是下一步的重点。

停一下，自我调节

要想学会暂停，你需要先注意到触发信号（比如争吵或辩解），然后停一下，自我调节。你可以对自己大喊“暂停”。有时同伴会提议暂停，当一方说“暂停”时，双方都停止说话，用鼻子慢慢地有意识地呼吸十次。

自我调节包括转移注意力，关注内心，安抚神经系统，深呼吸或做其他身体意识练习。这一步是反应的急救，是在生活中处理压力的基本工具。我希望学校可以教学生使用这套工具，越早越好。我们面临的挑战是学会在压力最大的情况下自我调节，即被很重要的人触发时应该怎么办。

关注自己的感觉和情绪

一旦你学会了有意识地关注你的呼吸和身体，你就会发现你更容易注意到你的感觉和情绪：紧张、心痛、悲伤、恐惧或无助。这个步骤包括注意感觉和情绪的相应位置，这主要通过关注呼吸的进出来实现；关注纷乱的感觉、图像、记忆和思想的位置；关注内在印象在意识场的进出，观察其性质或强度的变化；留意它们在身体中的路线。作为观察者，你的注意力需要集中在感觉上，你既是那个感受的人，又是那个被感受的人，就好像你的意识同时有了两个分身，这可以让你有空间进行自我安抚。这种双重意识也是与自己建立更亲密友好关系的基础。当你学会与自己相处，你就不会感觉孤单。

缓和气氛

如果在你和他人的互动中发生了触发反应（即使是像逃跑或冻结这种并不明显的反应），你就要学会稍后和这个人重新联系，修复伤害，表示歉意或约定重新来过。这一步在某些情况下并不合适，因为它通常需要征得对方的同意，所以你有时没法使用这一步。

如果触发反应发生在和情侣、配偶、亲密朋友或孩子的互动中，那么修复是必不可少的。在其他情况下，是否修复和如何修复则取决于关系，比如你和对方有多亲密或多相互依赖，以及这个关系对你有多重要。

通常而言，这一步包括确定一个修复时间，然后在修复时间到来时，你将：一是承认你被触发了；二是在适当的情况下道歉；三是解释触发反应的情感根源；四是寻求对方的理解或安慰。修复关系的话语可以像这样：“我那时候夺门而出是因为我被触发了。我害怕你不重视我的需求。我很抱歉。如果能重新来过，我一定告诉你我内心真正的想法，我想确定我们能不能和好，问问你我的需求是否重要。”

这五个步骤,虽然它们都有各自的具体实践,但也是相互依存的。因此,一旦你在这五个领域中的一个领域取得进展,就会在所有领域取得进展。举例来说,你越善于同情自己,你就越容易接受被触发的事实。或者如果你能及时暂停,修复这一步就会更容易,因为你没让自己说出伤人的话,需要修复的裂痕也就越少。尽管这五个步骤是按顺序呈现的,但它们实际上是相辅相成的。

FROM TRIGGERED TO TRANQUIL

02

承认并接受你的不安

抛下羞耻和责备

> 当触发反应发生时，没有人应该受到责备。没有人愿意受自己或他人大脑本能反应的支配。

一旦你被触发，你就不再是最好版本的自己。你可能感觉受伤、震惊或失控。你可能变得愚蠢、冲动、心生戒备或失去理智。你的应对能力也相应下降。所以触发反应发生时你会感到难以接受。但正如心理咨询师或改革者常说的那样，我们需要到达我们想要到达的地方。换句话说，想要做出改变就要完全承认、充分感受和全面了解自己的感受。只有我们看到并接受那些曾经否认、压抑的部分天性，那些部分才会痊愈。如果我们的身体内部缺乏沟通，那些部分将永远无法与其他部分和谐共处。一个健康的系统（如个人、团体或组织）的标志是该系统的各部分之间能够良好沟通。

有些人比其他人更容易接受自己被触发的事实。当你完成这本书中的练习时，你会清楚自己抗拒和接受的比例。如果你能够容忍自己犯错和补救，允许自己在别人眼中显得愚蠢、笨拙和不知所措，那么你会更容易接受你的触发反应。如果你不能容忍错误、弱点或不完美，你会很难接受你会被触发这一事实。但无论如何，造成自我批评和完美主义的不安全感是可以被治愈的。

你是更重视从错误中学习，还是更重视面子，在很大程度上取决于在你成长过程中，在你的个性形成时，什么让你感到安全，什么让你感到不安全。当你完成本书中的练习时，你的价值观（从错误中学习还是重视面子）将逐渐趋于正常。摆正价值观后，生活就会变得更容易、更友好。

这些练习也将帮助你学会识别你和他人被触发的微妙迹象。当人们被激怒时，他们并不总是大吵大叫或争来争去，有些反应是内在的，比如怀疑或不满。

触发反应源于情感上的不安或无力应对。如果发生了让我们感到不安或无法承受的事情，我们会下意识地将现在正在发生的事情与一些陈年往事联系在一起。这些事情往往与我们的核心成长需求有关，比如感到被重视、被尊重、被保护、被关心、被照顾和被呵护。被触发后，我们会产生消极反应，先爆发，然后停止，再到将负面动机投射到别人身上（比如，“他在利用我”“她在控制我”，等等）。所有这些反应都是由于人们下意识地产生了不安全感。

如果你已经意识到你有时会感到不安或无力应对，那么你就可以接受你有时会被触发的事实。接受这一事实有助于我们在不安的事件过后,迅速恢复安全感。显然,安全感好过不安全感。当我们感到安全时,我们可以看到更多的真实情况,可以基于真实的需求做出决定,比如被尊重或被信任的需求。当我们感到不安时,我们会基于防御或自我保护等惯性做出决定。所有练习的最终目标是靠大脑高级神经中枢而不是原始蜥蜴脑做决定。让我们以诚实、富有同情心的目光看待我们的不安全感,并以此作为起点开始这段通往正确决策的旅程。

承认不安

尽管被触发的概念现在已经被广泛认可,但大多数人仍然难以接受,当他们自己被触发时,他们会感到沮丧。敏感的触发反应其实揭示了一些有用的信息。如果他人的言语让我们感到不安或痛苦,就意味着这种不安或痛苦其实早已存在在我们的体内,等待被激活。我们的触发反应揭示了我们成长过程中不完整的东西,或者是我们被拒绝、压抑、反对或否认的部分。换句话说,即使没有触发事件,我们也要面对这些事情。我们有责任为我们失调的神经系统重拾安全感和平衡感。从理智上接受这一观点并不难,但当我们发现失态时,就会产生羞愧感,或者自责的冲动。

我们要承认我们的不安全感,这些源自童年时期的不安全感使我们容易情绪失控,产生战斗、逃跑或冻结反应。我们大多数人对这些反应并不陌生。童年的不安全感包括害怕自己不够好，害怕自己有缺点，害怕自己不受重视，觉得自己不重要、不值得，感到无助、孤独、不被尊重、不知所措、被困住、被控制、不被爱或不可爱。不安全感是对可能发生的事情的恐惧，怀有这样的恐惧并不意味着我们是有缺陷的，或是不重要的。你要知道，被触发是基于恐惧，而非现实。你的内心决定了察觉和承认这些恐惧的难易程度。

这些恐惧大部分都源于我们的成长过程。即使有最好的父母，孩子们也经常会“学到错误的东西”。孩子们倾向于把事情发生的原因归结到自己身上，所以当他们不能得到他们想要的东西时，他们会认为自己出了问题。如果没有人来喂一个哭闹的婴儿，这个婴儿可能会下意识地认为自己不重要、不受重视、不值得或不可爱。

当我们还是婴儿时，我们离不开成年人，或者说我们需要依靠成年人，几乎可以肯定的是，婴儿时期的我们，如果仅凭自己，定会在应对生活挑战时或满足自身需求时失败。我们幼小脆弱，需要依赖他人，所有有时感到困惑无助是正常的。但这些年幼的记忆会给许多人的内心深处烙下自己“不够好”的印记。人们甚至会得出这样的结论：没有安全感是人类的一部分。每个人心中都有“也许我还不够好”的想法。触发反应有助于我们找到这一部分的自己，然后通过行动来治愈我们早期的创伤，纠正错误的观念。

我们要知道：几乎每个人都会被触发，只不过有些人被触发的次数比其他人多，有些人的触发反应比其他人更明显。被激发的频繁程度并不与一个人的优秀程度成反比。但有时，我们看到自己被触发，会进一步固化我们的错误观念，即我们有缺陷或我们不够好。这本书中的自我疗愈方法将教你同情自己沮丧、无助或创伤的那部分。自我同情是耻辱的解药，而自我同情是可以学习的。

脑科学依据

过去几十年出现的许多科学见解可以帮助我们理解触发反应的生物学基础。神经心理学的触发因素可以帮助我们接受这样一个事实：在感知到危险时，神经系统会先行动起来，然后再问问题，也就是说，先做出反应，然后进行思考。这并不是为人类的错误行为辩解，将错误都归咎于触发反应。我们只是需要认识到大脑的本能反应具有强大且不可忽视的力量。在某种程度上，我们都受生理本能的支配，这就是为什么被触发并不意味着一个人变坏、变错、变弱或变疯狂。此外，了解大脑的工作原理，有助于我们认识到什么能被良好的意图、积极的思考或更好的沟通技巧所控制，什么不能被控制。你可以学会暂停，调节反应行为模式，但这需要不断地练习。

我认为，许多教师、作家和普通人，并未充分意识到被触发时神经系统的力量。我们倾向于快速修复认知，比如："不要感情用事，觉得别人在针对自己"（好像这很容易）；试图通过不断重复新的积极信念来取代旧的消极信念。一旦我们理解了大脑内部的运作方式，以及生物学上的反应原理，我们就可以有意识地控制自己。我们可以学会有意识地控制被无意识触发的反应。

我们首先要认识到，我们面对的是一股多么强大的力量。你的触发反应在很大程度上来自你自己无意识的方面，所以不要认为你或他人应该有更好的自控能力或应该表现得更理性。没有人想被触发，也没有人想触发他们的伴侣或子女。当我听到有人说，“他总喜欢触发我的开关”，我通常认为这不是真的。这其实是“应激假想”，它帮助人们逃避深层次的原因。当然，确实存在自恋或反社会人格障碍的人故意触发他人，试图借此操纵他人，但这并不常见。当某人的行为引发我们的核心恐惧或不安全感时，这种恐惧其实通常早已潜伏在我们人格的阴影中了。这种恐惧和不安可能起源于一些早期的经历，如被忽视或虐待、受创伤、错误地学习。事实上，刚刚触发我们的那个人并没有让我们感觉受到伤害或受到轻视，这个敏感点早就存在了，早在我们遇到这个人之前就存在了。

脑科学从大脑运作的角度来解释触发反应。人类的大脑和动物的大脑有很多共同之处。我们的大脑装备着神经心理学家所说的“生存警报系统”。这个系统的一部分是在中脑深处的一对微小的结构，叫作杏仁核，或者通俗的说法是杏仁体。杏仁核在处理恐惧、焦虑、愤怒或攻击等情绪时起着主要作用。我们的生存警报系统就像雷达一样，时刻扫描着危险。动物的生存警报系统一旦探测到附近有食肉动物，就会迅速采取行动。人类的生存警报系统也一样，每当探测到潜在威胁时，就会发出强烈的信号。在当今社会，对人类来说，这种威胁更多涉及人际关系和满足自我需求的能力。所以说，现在人类的主要危险是人际关系。

当我们的生存警报响起时，强烈的神经化学物质（如肾上腺素和皮质醇）被发送到自主神经系统的不同部分，导致某些身体系统开始行动，如心率和四肢力量，帮我们发动进攻或逃跑。我们的生存警报化学物质会向其他系统发出关闭信号，比如消化系统和性系统，因为这些系统在生死攸关的时刻不那么重要。脑科学家提醒我们，我们不想吃东西或对性没有兴趣，可能是因为我们感觉不安、焦虑或受到威胁。也许在我们心灵的某个地方有一个未经处理的触发反应需要关注。也许我们的生存警报系统一直处在开启的状态。记住，所有这些神经化学反应都是下意识的，而非我们的选择。但是，如果我们能接受触发反应是生存警报系统的工作，就能很好地接受我们的触发反应。

此外，目前的研究表明，尖锐的语调或不赞成的面部表情可以触发攻击、防御或逃跑的冲动，就像老虎突然出现一样。即使我们的身体没有受到威胁，生存警报系统也会因我们的情感安全、社会关系和亲密关系受到威胁而发出警告。

你是否曾被某人的声音触发？一些女性听到男性洪亮的声音会感到不安全。就我个人而言，我有时会感到一种类似被支配或被压倒的恐惧。有些男性对女性尖锐的声音也有类似的反应。我的男性朋友告诉我，这种声音会让他觉得自己受到了批评或遭到了反对。许多人告诉我，他们试图忽略内心的反应，继续交谈，就好像没有被触发一样。对于不明显的触发反应，这可能有效，但我认为，从长远来看，意识到我们的对话何时被大脑的原始部分接管更有益。最可怕的情况就是两个人都在无意识状态下进行交流。

例如，大脑研究表明，当两个人或两个以上的人有情感联系或相互依赖时，他们的大脑就会“彼此相连”，也就是说，如果一个人被触发，他们最亲密的人也会被触发。这种共同触发是正常的，但它通常是在无意识的情况下发生的。这使得我们很难知道是谁先被触发的，这并不重要，重要的是，我们要记住，如果你的伴侣被触发，你的神经系统可能会感到不安，并被共同触发，所以你们需要暂停。我们需要意识到这一点，然后练习自我平静。

显然，生存警报系统拉响警报时，人们并没有处于最佳状态。快速的、膝跳反射般的反应，如战斗、逃跑或冻结，导致人们大叫、爆发、责备、疏远、沉默、逃避或戒备。事后，人们往往不记得自己做了什么或说了什么，甚至不记得是什么触发了他们。有时候，人们认为他们已经准备好吐露心声、解决问题了，但其实他们可能并没有做好准备。他们还没有感到足够的平静和安全。他们可能仍然处于自我保护的状态，这个时候解决问题只会让事情变得更糟。

人们有时需要一段时间才能再次感到平静和安全。在高水平的刺激下，生存警报系统会绑架大脑高级神经中枢。记住，这个生存警报系统是原始人类得以生存下去的一部分原因。大脑的高级功能下线，因为它们行动太慢，无法从剑齿虎口中拯救我们！生存警报响起时，一切都进入紧急状态，所以我们必须努力恢复平静。只有当我们感到足够安全，关闭生存警报时，我们的高级大脑功能才有足够的能力来解决问题或澄清误会。只有这样,我们才能同情和理解他人的需求,并能够交流我们的脆弱,比如希望被爱和与他人心意相通。只要我们觉得不安全,我们的心就没有足够的空间去倾听对方。如果我们只想着尽快修复关系,而没有进行内在的自我平静和自我安抚,我们可能会重新触发彼此,回到原点。更多相关内容,请参见“缓和气氛”。

接受并非一蹴而就

正如此前对脑科学的简短回顾所显示的,触发是人类的一部分。当触发发生时,没有人应该受到责备。没有人愿意受自己或他人大脑本能反应的支配。但触发反应却时常发生。这就是为什么当触发反应发生时,我们应该首先承认和接受,而不是自责。当我们练习完自我平静、自我同情和修复技巧时,接受就会变得更容易了。一旦我们学会从触发反应中快速恢复过来的方法,就会更容易接受自己的反应和敏感。根据我的经验,在这些练习融入我们的生活之后,接受这步才算完整,即让这些练习成为我们每次遇到触发反应时的应对方式。

事实上,为了得到更好的效果,我建议你在没有被触发时,也要练习自我平静和自我同情。当你感到强大和自信的时候,回忆一件触发你的事情,记住你的感受,然后开始练习自我平静和自我同情。此举的目的是熟悉你的反应和核心恐惧,最终,当触发反应发生时,你就能对自己说：

> 啊，又来了。我知道这种感觉。我被触发了，我知道该怎么做。我知道如何冷静下来，我知道如何与脆弱不安的部分相处。我知道我这样做后，痛苦很快就会消退。

你对触发的看法：自我评估测验

在往下读之前，我建议你做一下这个自我评估测验，了解你目前对触发的态度。许多人持有一些常见的错误观念和不切实际的想法，这些会使接受触发反应变得更困难。回答以下十个问题，将总分相加。测验结束后，我会说明不同的分数所代表的接受水平，并就如何更容易地接受触发提出建议。

你可以将问题的答案写在一张纸上或直接写在书上，看完每个问题后，从 1 到 4 之间选一个数字：1 表示你非常不同意这个说法，或者你从未这样；2 表示你稍微同意这个说法，或者你有时候是这样的；3 表示你基本上同意这个说法，或者你经常是这样的；4 表示你非常同意这个说法，或者你总是这样。

1. 如果我的伴侣因为我一句无心的话而生气，我会再也不说这种话。

2. 在一次令人沮丧的互动之后，我意识到我当时把对方的话当作针对自己的话，反应过度，我会花很多时间在脑海里回想这件事，为自己的反应找借口。

3. 如果我和我的伴侣每周争吵好几次，我会认为这是一段不正常的关系。

4. 如果我得到别人的不好的反馈，我会很生气，但不会表现出来，因为我怕对方觉得我太脆弱，太敏感。

5. 我不愿承认我有时会被我的孩子或其他孩子触发。我认为会被孩子触发代表着不成熟或以自我为中心。

6. 在两个人同时被触发的场景中，弄清谁先被触发是很有用的。

7. 如果我一遍又一遍地告诉某人他的某种行为让我心烦意乱，我其实是希望他再也不要做出这种行为。

8. 当我被某人的行为激怒后，我不会从对方的口头道歉中得到任何真正的安慰。言语是廉价的。如果他真的感到抱歉，我希望他以后能改变自己的行为。

9. 如果我的伴侣一直责怪我触发了他，我会试着让他认识到我们每个人都要对自己的反应负责。

10. 如果有人告诉我，他们被我做的事情激怒了，我会觉得是我做错了，即使逻辑告诉我并非如此。

把你写在每一项旁边的数字加起来，算出你的总分。

10 到 12 分意味着你对触发反应有着相当现实和接受的态度。

13 到 20 分意味着你可能对触发反应有矛盾心理，有时不确定如何应对触发反应。

得分在 20 分以上表明你抗拒触发反应，触发反应发生时，你倾向于否认和抗拒，不知如何应对。

我会在后面继续讨论得高分的具体原因，但以下几点原因是最常见的：有些人没有处理触发反应的生活经验或技能；有些人倾向于采用非黑即白的思维方式，不能容忍模棱两可；有些人不能接受自己和别人的缺点；如果你正处于一段艰难的感情中，痛苦不堪，在测试过程中就很难保持冷静客观；高分也可能表明做测验的人在测验过程中被触发了。

◇ 分析你的答案 ◇

现在让我们依次分析测试中的每一个题目，探索不同的答案所揭示的人们对触发反应的不同看法。

1. 如果我的伴侣因为我一句无心的话而生气，我会再也不说这种话。

根据我的经验,那些不同意这一说法的人(也就是给出1分或2分的人)对触发反应的态度是相当现实的。如果给分更高(3分或4分),可能表明你认为我们要尽力避免触发反应。这种想法可能会导致一个人把太多的注意力放在尽量不让别人生气上,所以他们常常小心翼翼,谨小慎微。事实是,任何言语都可能触发人们的情绪,而没人可以预料。你的伴侣可能有着和你非常不同的敏感度。是的,你可以也应该学习说话技巧,学习你伴侣爱听的话(和他们不爱听的话),但无论你的沟通技巧有多好,触发反应还是会发生。

与其谨言慎行,避免任何可能触发对方的事情,不如接受这样一个事实:人们背负着别人意识不到的情感包袱,因此,哪怕是善意的言论也可能被误解。你要接受触发反应总会发生这一事实,当它发生时,学习如何及时暂停和适时修复(后面的章节将会具体展开这一部分),然后触发本身就不再那么重要了。

2. 在一次令人沮丧的互动之后,我意识到我当时把对方的话当作针对自己的话,反应过度,我会花很多时间在脑海里回想这件事,为自己的反应找借口。

如果你给这个问题打了高分(3分或4分),我希望这本书能帮助你接受人类都有反应过度的时候。当我们反应过度时,感到愚蠢、尴尬甚至羞愧是很正常的。一旦我们学会用宽容的态度去关注和“保持”这些感觉,这些感觉就不是问题。当我们允许自己有这些感觉时,这代表我们能够自我接纳了。允许有不舒服的感觉,同时以同情的态度关注这些感觉,可以为改变创造空间,让原本紧缩的能量有空间呼吸、消散或放松（更多信息，请参阅“练习：带有同情心的自我探究”）。

当人们不能接受他们反应过度的事实时，他们会在小事上斤斤计较，为自己的情绪失控找借口。他们可能会责怪自己和伴侣。他们可能说自己太累了或太饿了。他们可能会责怪自己的童年。进行这些看似追根究底的尝试其实是为了重拾控制感，但这些尝试往往会阻碍更深层次的自愈，让我们无法找到问题的根源。我们要想弄清问题的根源，就要保证身心紧密相连，听从内心的感受。

第一步是注意你的大脑何时在一件小事上纠结，也许你会想其他人本该做什么，本不该做什么，或者试图证明你情绪失控具有一定合理性。当你注意到这种想法或想自我辩解时，这是一个很好的内省切入点。看看你是否好奇伤害或愤怒的感觉是从何而来。内省意味着你要和你的反应性感受共处，有点像治疗师和客户坐在一起，或者像母亲抱着一个受伤的孩子。一个治疗师或好母亲不会去验证孩子或客户的辩解，他们只会确认他们脆弱的感觉，帮助他们学会感受这些感觉，同情这些感觉（详见“关注自己的感觉和情绪”）。

3. 如果我和我的伴侣每周争吵好几次，我会认为这是一段不正常的关系。

给这句话打高分（3 分或 4 分）的人往往难以容忍情绪上的不适。我们每个人都有一套自己的应对痛苦和粉饰太平的方法。没有绝对的好和绝对的正常。有些人的生活经历特殊，他们会较他人更容易感到不安和愤怒,与人发生冲突,甚至有暴力倾向。还有一些人可能在看似轻微的不适之后情绪变得相当不稳定。我认识一些人,他们在工作中得到负面的绩效评估后,需要一到两周的时间来恢复。如果你也是如此,你的情绪可能比较敏感,这种敏感需要被尊重。基因在这方面也起了作用,早期儿童研究表明,一些婴儿出生时神经系统更敏感,他们对噪音和被摔下的感觉等更敏感。

如果你经常被某人触发,不管是恋人还是工作伙伴,这并不意味着你们的关系一定是不正常的。这可能意味着对方不那么敏感,或者你就是无法忍受别人对你的不满,哪怕是一丁点的不满。如果是这样的话,学习一下本书中的触发原理,看看你们的情况能否被改善,又或者结束是唯一的选择。

总之,我认为一个敏感的人需要避免让神经系统难以承受的情况反复发生。如果极端的触发反应频繁发生,如果伴侣们不能给彼此安全感,我建议你们找一些专业人士进行咨询。

4.如果我得到别人的不好的反馈,我会很生气,但不会表现出来,因为我怕对方觉得我太脆弱,太敏感。

一个人对这句话的反应往往反映出他们对展现一个有能力的形象的关注程度。关注个人的自我形象并没有什么错,承认这一点也很好。但如果你的答案分数很高(3 分或 4 分),你可以试着探索一下你在逃避什么。如果你承认自己被触发了,你害怕出现什么后果?思考这个问题时,你是否会想到某个特定的人,某个你希望在他面前表现良好的人?如果是,那就想想你在这个人面前的感觉,想想他们是否让你想起了你生命早期的某个重要人物。你小时候，是否因为表现得软弱、太敏感或不够完美而受到批评？

不管你对这个问题的评分如何，试试这个练习。回想这样一段记忆：你被某人的话或行为触发，但你没有表现出来。现在问问你自己，如果你说出你的反应，你害怕会发生什么。接下来，想象一下对方的反应。在脑海里想象一下说出这些话是什么感觉：你是感到一阵轻松、内心充满力量，还是后悔、歉疚或羞愧？这些话是在嘴边，还是很难启齿？最终，看看你在这个练习中发现了什么，无论你发现了怎样的恐惧，都要学会同情自己。

这种自我探究有助于我们更深入地了解自己，也反映了本书的主题：我相信，任何一件不愉快的事情都可以成为深层次自我了解的起点。此外，我相信，每当我们注意到这些恐惧时，我们可以停下来探究这些恐惧的根源。“关注自己的感觉和情绪”部分有更多的相关练习。

5. 我不愿承认我有时会被我的孩子或其他孩子触发。我认为会被孩子触发代表着不成熟或以自我为中心。

同意这一观点的人（评分 3 分或 4 分）认为，被孩子触发是不应该发生的事情，或者至少不应该发生在他们身上，可能是因为他们担心孩子或伴侣的看法，可能是因为他们想起了以自我为中心或不成熟的父母，他们害怕和这些人一样，他们不想成为这样的人。

不管你的答案是什么，再慢慢地读一遍题，读的时候，注意心中浮现的感觉、形象或记忆。如果你情绪出现了起伏或身体出现了变化，让你的注意力在那里停留一会儿。对这件事要保持好奇心，无论你发现了什么，或者没有发现什么，你都要接受。你的目的只是看看内心世界的那个角落。也许，你不会看到有趣或值得注意的东西。也许，一个被遗忘的记忆会浮现出来：一个成年人用一种让孩子害怕的方式向孩子表达了内心的不快。如果那个孩子是你，看看你是否能对小时候的自己感同身受。对自己脆弱或受伤的部分感同身受是一种自我治愈的行为。

在做这些练习的时候，如果回忆的过程太痛苦，你可以进行有意识的呼吸或基础练习，把自己拉回到现在。

6. 在两个人同时被触发的场景中，弄清谁先被触发是很有用的。

评分低(1 分或 2 分)的人认为，确定是谁“开启”了共同触发反应并不是最重要的问题。事实上，我认为弄清楚共同触发反应的起源或原因并没有什么错。要知道真正的原因可能很复杂，甚至可能需要追溯到很久之前。

对于一些同意这一说法的人(评分为 3 分或 4 分)来说，他们想要弄清楚的主要原因是想证明他们不是“始作俑者”。他们认为如果是别人的错，他们会感觉更好。但这其实很难带来真正更好的感觉。挑对方的错处通常是为了逃避真实的感受。

有时，回溯共同触发事件之前的整个事件背景可能会有帮助，尽管可能需要回溯到很久之前。任何重要的关系都有未治愈的创伤史，这将在一定程度上影响我们当前的互动。因此，我们要认识到，在双方相处的过程中，可能会有很多次一方或双方感到不圆满、不安全或不满足的情况发生。随着时间的推移，积压的这些未被治愈的创伤可能会导致双方更容易被触发。这就是为什么我们很难弄清是谁或是什么引发了当前的事件。

就一个不圆满的情况而言，双方可能对这个情况的不同方面感到"不圆满"，而这些感觉可能就是当前触发反应的根源。例如，如果一个人做了伤害别人的事情，后来道歉了，另一个人可能对道歉不满意，觉得对方的道歉听起来不真诚。与此同时，道歉的人可能会觉得他为了修复关系做出的努力没有得到认可，心生委屈："我好像怎么做都不够。"然后，几天或几个月后，一个人被另一个人触发了，原因就是类似的故事不停积压，事后还没有得到修复。

7. 如果我一遍又一遍地告诉某人他的某种行为让我心烦意乱，我其实是希望他再也不要做出这种行为。

给这句话打高分（3 分或 4 分）的人往往不理解或不完全理解改变触发行为是多么困难。一般来说，真正持久的改变需要双方共同的努力。当然，明确地说出你想要什么是一件好事，但是期望总是能得偿所愿是不现实的。对方可能想答应你的要求，但他们有时并不能控制自己的行为。

人们可以控制自己的许多行为，但有些行为和反应是习惯、性格、童年或触发反应的产物。尽管我们都希望能够完全控制自己的反应，但我们可能永远都无法完全摆脱自己的条件反射。

在我帮夫妻进行心理咨询的过程中，人们经常表达出不切实际的期望。妻子莎莉对她的丈夫瑞克说:“我生气时,你要做的只是问清前因后果,对我表示理解,而不是替自己辩解。”对莎莉来说,这似乎是个合理的要求。事实上,瑞克可能也这么认为,并且从现在开始努力这样做。但即使竭尽全力,瑞克失败的次数还是会多于成功的次数,因为当莎莉心烦意乱的时候,瑞克也会被触发。在触发状态下(即使在莎莉看来他不在触发状态),他没有能力理解和移情,他所有的善意都被涌进来的强大的神经化学物质冲走了。当瑞克的神经系统处于“逃跑”模式时,他本能地想和莎莉讲道理,让她停止不安。

如果瑞克真的有机会改变他的行为,莎莉必须明白她不能指望瑞克一个人能完成所有的工作。如果瑞克想要在自己变得有戒心时停下来或放慢脚步,他需要她的帮助、理解和支持。他们必须共同努力,创造治疗师所说的“纠正性情感体验”。如果瑞克能够暂停而不是辩解,而莎莉能够安慰而不是批评,那么这种受到矫正的情感体验将帮助他们改善关系。

8.当我被某人的行为激怒后,我不会从对方的口头道歉中得到任何真正的安慰。言语是廉价的。如果他真的感到抱歉,我希望他以后能改变自己的行为。

这句话听起来类似于第七句,它们确实有很多共同点,但这道题突出了对触发反应的另一个误解。得分很高的人(3分或4分)通常对道歉持怀疑态度,这可能是由于他们曾经遇到过伤害他们,事后不断道歉的人。他们的怀疑是可以理解的,但这会让现任伴侣很为难。人无完人。我们的伴侣有时会做一些让我们心烦的事情。

如果我们不能接受道歉，对于我们和我们的伴侣来说，每一个触发事件都将十分可怕。这可能会导致我们的伴侣整日战战兢兢、如履薄冰。这种关系通常是难以为继的，而且让一方去适应另一方的每一个需求和所有敏感之处也不可行。

我们希望伴侣停止做触发我们的事并没有错，但我们最好也承担起触发的责任，我们双方应该用合作的方式面对触发反应，而不是试图仅靠一方的力量解决问题。

应对触发反应这个问题时，我建议采用“生活就是练习”的心态。当你发现自己对别人的行为有强烈的抵触心理时，拿出你的好奇心，试着去找出让你感到不满或抵制的东西，或者找到让别人不触发你的方式。比如，提出你的发展性需求（比如感觉被爱或者感觉足够好），当你能说出这种需求，就是接受的开始。

9. 如果我的伴侣一直责怪我触发了他，我会试着让他认识到我们每个人都要对自己的反应负责。

大多数指责都是无益的，没有帮助的，很可能是不真实的，而且没有人喜欢被指责。但你可以问一问自己：如果我总是想让我的伴侣停止责备我，这是否意味着害怕被责备是我的触发因素？如果你给这一项打分为 3 分或 4 分，答案可能是肯定的。有些人害怕别人认为自己是坏的或错误的，有些人在有争议的互动中总能看到（或想象）对方的责备意图。此外，责备对方是有些人被触发时的首要反应行为和主要防御机制。如果一段关系中出现以上的情况，那么最好、最现实的做法就是在指责出现时暂停一下。

暂停协议非常重要，因为它是采取下一步自我探究和修复的必要步骤（这个部分会在“停下来，自我调节”“关注自己的感觉和情绪”以及“缓和气氛”展开）。这些步骤可以纠正指责这一错误的做法。在练习的过程中需要认识到，指责这样的反应性行为可能很难一时纠正，但随着时间的推移和双方的努力，这段关系会出现实质性的进展。这些练习旨在帮助人们抛开责备，重视内在，而非面子。

10. 如果有人告诉我，他们被我做的事情激怒了，我会觉得是我做错了，即使逻辑告诉我并非如此。

对这句话评分较高（3 分或 4 分）的人认为他们应该为触发别人而受到责备，同时相信通过改变自己的行为，可以避免触发他人。但我却认为，虽然我们可以通过安慰和修复帮助他人减少反应性行为，但无论多么努力，我们也无法完全避免触发他人。

对这道题给分较高的人可能成长在一个需要谨慎处事的家庭，他们早早就学会了适应家庭情况，避免惹人不快。也许是因为他们的父母或兄弟姐妹的行为不稳定、不可预测或不安全。对于年幼的他们而言，最好的选择，或者唯一安全的选择，就是适应，以及改变、塑造或隐藏他们真正的需求，保证家庭的和谐。良好的行为可以让青少年远离危险，减轻父母的负担和压力。孩子的生存依赖于他们的父母，所以通过适应来帮助父母是一件明智的事情。所以做个好孩子，尽量不惹是生非，就成了他们主要的人格策略。

对一些人来说，他们的家庭氛围并不那么紧张，但他们仍然不想让人心烦，不做任何会让人感到失望或反对的事情，所以他们选择适应。不管是出于什么原因，这些人在成长过程中过于在意他人的感受，压抑了真实的自我表达。

为了不让别人感到不舒服或不赞同而去适应的人，并不一定成长于一个不正常的家庭。有些人产生这种反应的原因是在学校里和同龄人有不愉快的经历，对群体中的负面反馈十分敏感。我曾经在一个互动小组担任协调人，在小组中，成员被鼓励就他们的行为所产生的影响给予彼此反馈。在小组会议中，一个人得到消极反馈之后，会马上制定一个规则，他们以后不应该再做或说这件事了，哪怕只有一个人不喜欢这件事。我记得在一个小组里，有人被问了一个问题，他的回答是："我不想回答这个问题。"另一个人对他说："这个回答太生硬了。你为什么不回答这个问题呢？"那个人看着地板一时没有回应，但几分钟后反讽道："原来我们在这个小组里必须要回答每个问题啊。"

我们必须接受这样一个事实，我们有时会不经意地触发他人，而我们可能永远也想不明白原因。当有人反对我们时，我们通常会认为我们做错了什么。通过掌握这本书中的练习，你将会意识到，所有的自我表达都包含着不被赞同的风险，明白了这点你就能够迅速从触发反应中恢复过来，无论是自己的还是别人的触发反应。

抵触是正常的

尽管现在大家已经接受了"触发"这个概念，但大多数人仍然难以完全接受这样一个事实：我们的情绪反应源于我们的内心世界。如果有人说了什么触发了我们，让我们感到不安或痛苦，这种不安或痛苦其实早已潜伏在我们的身体里，等待被触发。即使我们在理智上接受了这一点，我们在情绪上仍然可能抵触。

以下是三种最常见的情感障碍：

1. 羞耻——如果我被触发了，那就意味着我是有缺陷的，我有严重的问题；

2. 不信任——如果我承认自己的触发反应其实是源于"我自己"，并且原谅那个触发我的人，这就给了其他人随意触发我的自由通行证；

3. 保护自己的父母——我需要认为自己的童年是幸福的，自己的父母是好父母。

◇ 羞耻 ◇

羞耻的根源可能是童年时期被虐待或被忽视。比如一个孩子会想，如果这个人可以这样对待我，一定说明我是没有价值的。可能是一次痛苦的经历，孩子会因为没有做好、觉得自己不够好而感到羞愧。也可能是被过度控制的童年经历，孩子会认为，我不被允许有一个独立的自我，我不重要，我没有价值。还有可能因为发生了一些可怕的事情，或做出了可怕的事情（即使是意外）。无论出于何种原因，羞耻感让我们想要藏起来，不想被人看到。羞耻感的解药是自我同情，我们要激活心中“好母亲原型”的内在治愈力量，这是人类潜意识的一部分，能够提供本能的抚慰和无条件的爱。练习关注自己的感受和情绪将告诉你如何成为你内心的“好母亲”。

◇ 不信任 ◇

在为夫妻进行心理咨询的过程中，我有时会听到这样的声音：“为什么要我做出改变？”“为什么要我表现得像个成年人？”“这只会让他们变得更加不成熟和自私。或者，他们可能会利用我的不安全感作为攻击我的武器，在以后的争吵中，他们攻击我本来就是个缺乏安全感的人。”通常，当一个人说出这种话的时候，代表着他们害怕受到伤害。他们过去尝试过做“成年人”，但并没有得到伴侣的赞赏或认可。或者他们尝试变得脆弱，但这脆弱后来又以批评的形式回到了他们身上。所以他们不愿意再做努力的那一方，他们认为该轮到他们的伴侣努力了。

不幸的是，无论过去发生了什么，引起了这个人的恐惧假想（比如，“如果我很脆弱，他们就会用它来对付我”）——可能是由一个从未被修复的共同触发事件（或一系列事件）引发的，但现在几乎不可能知道到底发生了什么。当关系破裂到无法修复的时候，伴侣会在记忆中储存关于伴侣的恐惧假想，这样的假想很难被清除。当大脑高级神经中枢处于离线状态时，人们可能意识不到到底发生了什么。即使意识到发生了什么，被触发的大脑也会用无意识的恐惧来解释这一事件，根本做不到客观。这种恐惧假想可以通过练习来消除，直到双方都意识到他们对对方的不信任是应激假想或恐惧假想。应激假想和恐惧假想是我们处于触发状态的信号。明智的做法是，像看待其他触发反应一样看待这些应激假想或恐惧假想。如果我们能为这种不信任的想法贴上“应激假想”“恐惧假想”的标签，它们对我们的影响就会小一些。

◇ 保护自己的父母 ◇

许多孩子在童年时就学会了保护或照顾他们的父母。他们尽量不提太多要求，否认自己的需求，否认自己受到伤害，为父母的不成熟行为找借口。因此，成年后，他们继续用这种模式保护父母，忽略父母的弱点或错误决定，否认自己有任何未被治愈的童年创伤。进行这样的否定有许多原因，当我们探索我们的触发反应时，这些原因就会慢慢显现出来。但是，当我们增强了对被忽视、受虐待或创伤部位的容忍和“陪伴”能力时，这种保护的需求就会随之消失。

保护父母好名声的模式可能源于一种建立积极的自我形象的需要，弥补自己想象中的不足或缺陷，所以我们会把这种倾向扩展到维护我们的整个童年和家庭。

当一个人第一次开始研究他们童年的需求是如何被满足的，他们可能真的相信他们不会被触发，他们的父母是理想的。但随着探索的继续，他们可能会回忆起父母让他们失望或无法满足他们需求的点滴。没有父母能满足孩子的所有需求，童年的挫折是孩子成长的必要条件。最终，大多数人都会回忆起童年时的一些痛苦、失望或挫折。在回忆童年时感到悲伤，也并不意味着这个人没有被好好教导，也并不意味着这个人将责任推给父母，而更多的是对年幼的自己感到同情，或因为小时候的经历感到悲伤。

接受生活的本来面目，包括你早期的家庭生活，是自我治愈的第一步。

接受的好处

我们要学会加深对自己和他人的触发反应的理解，相信生活中出现的一切都是可以接受的、可以处理的。你可能有一件不喜欢的事情，但它就在这里，所以问题就变成了：我对这件事有什么感觉，我该如何以一种自爱的方式对待这种感觉，我该如何以一种自尊的方式处理这种感觉？当你对一件事感到抵触时，比如某人的声音语调，到底是什么内在的恐惧或不安全感导致了这种抵触？这种恐惧是否是当前的或现实的？如果它不是当前的或现实的，你的恐惧可能属于某种触发反应。一旦你接受它是触发反应，你就可以做一些有建设性的事情(而不是抵抗或否认)。

一旦你学会接受羞耻和抵抗,并迅速从被触发的状态中恢复过来,你就更容易接受触发反应。第一部分的练习告诉你,一旦你接受了你的触发反应,恢复了你内心的平静、自信、价值感和安全感,你可以做到什么。

从抗拒现状到接受现状,再到与现状建立一段新的关系,我们的内心总有一些工作要做。这本书将不仅教会你如何更自如地接受你的触发反应,还教会你如何接受他人的触发反应。这两者同样重要。

学会接受能帮助你把努力和注意力集中在你能控制的部分上,比如你的想法、感觉和行为,以及当别人在你面前被触发时你能学到什么。你要明白,试图控制别人的反应或对你的看法,除了浪费精力,别无他用。更好的计划是看看触发反应如何能帮助你更深入地了解自己。

FROM TRIGGERED TO TRANQUIL

03

了解你独特的触发信号

发现早期预警信号

> 了解你的触发信号，让你能够注意到你被触发或开始被触发。这样你就能在造成太大的伤害之前及时捕捉并停止触发反应。

当你被触发时，你通常会有一系列反应性行为、感觉和想法。你可能会变得自大或者自卑。你的身体可能会发热或者发冷。了解你的触发信号，让你能够注意到你被触发或开始被触发。这样你就能在造成太大的伤害之前及时捕捉并停止触发反应。

正如我说过的，人们的触发反应往往有战斗、逃跑或冻结等不同版本。战斗反应包括争吵、喊叫和质问，以咄咄逼人或穷追猛打的方式对待另一个人。逃跑反应包括心生戒备、反复解释、刻意忽视和起身离去。冻结反应包括不知所措、头脑空白或僵硬地微笑。

就好像你被困住了，动弹不得，麻木了，游离了。一些学者还增加了另外两类反应：屈服和讨好。我认为屈服和讨好属于冻结反应的子类。屈服意味着你崩溃、放弃、变得被动，或者认为你别无选择，只能屈服。讨好需要你改变自己的行为，安抚对方，僵硬地微笑就是一个例子。

大多数人通常可以马上识别出他们倾向于哪个反应：战斗、逃跑，还是冻结。自己考虑一下：当你被触发时，哪个反应会接管你的神经系统？一旦你确定了你的反应，下一个步骤就是通过命名你实际的感觉、想法和做法来描述一个触发反应事件。我们现在就开始吧。

回忆你的触发反应

回忆一下你被触发的情景：场景是什么？究竟是什么引发了触发反应？试着回忆那个地点以及对方做了什么或说了什么。你能记得你的感觉吗，你身体里的感觉？你的想法是什么？你是有明显的反应（比如夺门而出），还是不易察觉的反应（像大脑空白）？详细回顾一下这段记忆，记录下当时的感受（如愤怒）、身体感觉（如胃痉挛），以及应激假想或自言自语（如“没人在乎我要说什么”）。然后描述一下你的内在或外在反应，比如，“我完全僵住了，我什么都听不见了”。

你需要回忆至少五种不同的场景，进行触发分析。如果你愿意，现在就可以停下来回忆，或者你也可以把它作为接下来几个星期的日记任务。不要刻意去寻找那些表明你已经被触发的事件。简单地回忆一下沮丧、受伤、愤怒、怨恨、困惑、麻木、不知所措、绝望、失望、不满、批评或震惊的时刻往往更容易。或者回想你感到被背叛、被批评、被忽视、被冷落、不被尊重、孤独、被攻击、被责备、不被重视、不被爱、不被需要、不被信任、不被接受的时候。虽然被忽视、被嘲笑、被批评等感觉都不是真实的,只是你把自己的核心恐惧投射到别人的行为上的结果,但它们仍然是一个有价值的切入点。

在每一个场景中,回忆一下你的内在反应和外在反应:你哭喊、爆发、批评、抱怨、探究、争辩、怀疑、忽略、嘲笑、戒备、解释、不满、生闷气、冷静、僵硬、说教、重复、威胁、指责、夺门而出、想报复、想逃跑、痛哭或沮丧。你可以用这些词来帮助你列出你的反应行为或触发反应。

为了进行说明,以下会用客户凯伦的故事作为示例。作为识别触发信号的切入点,凯伦表达了"被忽略的感觉"。凯伦刚和蒂姆结婚,蒂姆有一个 14 岁的女儿琳赛。蒂姆此前一直都独自抚养琳赛。在凯伦和蒂姆谈恋爱时,蒂姆和琳赛聊天似乎总把凯伦排除在外,凯伦为此感到沮丧。她希望婚后成为琳赛的继母时,情况会有所不同。在蒂姆和凯伦结婚大约 10 个月后,有一次,琳赛问蒂姆,她是否可以在周中的晚上去朋友家过夜。蒂姆答应了,那天晚上,他把自己的决定告诉了凯伦。凯伦回答说:"她的作业怎么办?我以为我们已经达成一致,除非她的成绩有所提高,否则她必须每天晚上在睡觉前向我们证明她做完了家庭作业。"凯伦感到生气、失望、受伤，她被触发了。此刻，凯伦很想把过往堆积的不满一口气发泄出来，但她忍住了，没有翻旧账。后来，当她回忆起这件事的时候，她很庆幸自己没有翻旧账，火上浇油。

在分析过程中，我们能够很快识别出凯伦的应激假想："蒂姆把琳赛放在我前面。我在这个家里不重要。"接下来，她确定了自己的反应情绪：愤怒、失望、受伤，还有一点点自以为是。然后她回忆起自己身体的感觉——下巴紧绷，脸上发热。最后，她为她的反应找了一个合乎逻辑的论点："我想我们曾经达成共识，她必须向我们证明她做了功课。"

如果凯伦要分析五个不同的触发事件，可能大多事件都会和上面的故事相似。

- 蒂姆在某种程度上让她失望了；
- 凯伦生气了，但试图为自己的行为找到理由，她用理性和逻辑来证明她的观点；
- 凯伦的身体感觉亢奋和紧张；
- 凯伦觉得自己没有被善待（没有被爱，没有被重视，没有被考虑，被忽略）。

她的五个触发反应片段可能差别不大，大多数人确实只有一到两个触发信号。如果我们仔细分析这些特征，我们甚至可能会发

现，两个看似不同的反应实际上来自相同的核心恐惧，比如害怕自己不被重视。

判断的想法

有些触发反应可能在我们和他人身上都很常见，比如愤怒、怨恨和暴怒；有些可能在他人身上很难发现，但在我们自己身上却很常见，比如受伤、悲伤、恐惧、不知所措、绝望；有些甚至连我们自己都感觉不到，至少我们通常不会认为这些是被触发的迹象，比如持有判断的想法或想象某人可能或应该如何表现。对于一些人来说，有判断的想法似乎是很自然的，所以他们不会将其归类为被触发的证据。但我认为这些也属于触发反应，在我 55 年的职业生涯中，我找到了足够多的证据，人们经常认为自己的行为是理性的，自己的判断、故事或解释是真的或正确的，而实际上，由于触发反应，他们并没有看清楚情况。他们是通过核心恐惧的镜头来看待“发生了什么”的，他们甚至没有意识到他们有这个核心恐惧。在生活中，评判他人是一种避免面对自身不安全感的好方法。

将判断的想法作为触发信号的一部分，并不一定意味着这些想法是错误的。例如，在凯伦的案例中，她认为蒂姆对琳赛过于溺爱的判断其实是正确的。这可能是蒂姆的问题之一。但凯伦的判断仍然与她的触发反应有关。她因蒂姆对琳赛的溺爱而感到痛苦，因为她给他的行为赋予了意义：蒂姆似乎更看重琳赛的需求而不是凯伦的需求，这就是为什么她认为“我不重要”。换句话说，凯伦的判断反映了她对自己不重要的核心恐惧，以及她希望参与决策的核心需求，也就是希望自己是被优先考虑的对象。

在很多情况下，当我们产生了不安全感，担心我们的核心依恋需求没有得到满足时，批判或判断的想法就会随之出现，所以我们的判断或批评其实是一种反应性行为。通常我们不会注意到我们在判断的想法下的情绪反应。我们可能太过沉迷于自己的恐惧假想（“我不重要”）。当我们被触发时，我们内心的“观察者”就不会起作用了。但如果我们冷静下来，我们可以有意识地激活我们内心的“观察者”，然后我们会看到自己内心有个需要同情的核心恐惧。

区分直觉和恐惧

触发反应可能隐藏在看似理性的外衣之下。如果你的直觉告诉你你的爱人有外遇了，你怎么办？比如说，你的伴侣某天晚上回家比较晚。如果你已经知道你的触发信号是对被抛弃的核心恐惧，你会如何处理它？你应该相信你的直觉还是把这种感觉当作触发反应？答案是：当你感到不安时，在了解“事实”（拷问你的伴侣为什么晚归，等等）之前，应该首先关注隐藏在真相背后的反应感觉。停下来思考一下自己的感受，比如失望、受伤的感觉，或者感觉不被重视、不重要。你要留意过去曾有类似感觉的记忆，给任何情绪或记忆留下空间。当你感到恐惧或痛苦时，你要学会温柔对待这部分的自己。

一旦你以这种方式与自己建立了深刻的联系,你就会拥有一种更加开放的心态,有能力与你的伴侣谈论所发生的事情。在倾听伴侣的叙述前,你需要了解你内心的恐惧,说出你的反应行为、感受和身体感觉、应激假想(或恐惧假想)、你的核心恐惧,以及你的核心需求。这将帮助你认识到一种可能性,你的直觉可能只是你的恐惧假想。

米娅和约翰:如何发现他人的触发信号

为了展示如何识别触发信号,我会讲述一个基于真实客户的假设示例。

米娅和约翰已经约会六个月了。他们住在不同的城市,他们每个月只能有一周的见面时间。在见面的间隙,他们几乎每天都通过 Zoom 或 FaceTime 聊天。他们约定在性方面实行一夫一妻制。他们经常遇到的一个问题是,约翰喜欢详细地报告自己在分开几周期间的活动,他希望米娅也能分享这些细节,这种事无巨细的交流会带给他安全感。约翰在母亲的陪伴下长大,如果她对他做的或说的某件事感到不高兴,她就会好几天不和儿子说话,这使小约翰觉得自己好像被抛弃了。他不知道母亲怎么了,又怀疑母亲恨自己,他感到无助和失控。约翰的前女友也很安静,有点神秘。两人的感情因为她的出轨而告终。因此,约翰在和米娅相处时,总害怕被抛弃。

这是他的核心恐惧和主要触发因素——害怕被抛弃，害怕对方不说话，害怕对方切断他感到安全的联系。如果他意识到他对沉默和保密的敏感，他就可以仔细审视自己怀疑女友有秘密或是有外遇的感觉，就会知道这些感觉可能出自他的恐惧，而不是出自他的直觉。

然而，米娅不愿意像约翰想的那样事无巨细地分享她的日常活动。她的沟通风格比较保守，言语也不那么流利。她从小就知道，她越是诚实地与母亲分享她的日常，得到的反对就越多。米娅回忆说，她十几岁的时候曾经和母亲分享她的社交和爱情生活。接着，她母亲就会接二连三地提出尖锐的问题，似乎想抓住她的错处，或者认为米娅没有能力自己做决定。长此以往，米娅害怕别人说她坏，说她错，说她无能或不够好。这成为她的核心恐惧和主要触发因素——害怕（被视为）坏的或错误的，害怕有人看不起她，看不到她，误判她。

◇米娅和约翰的死循环◇

一场冲突导致米娅和约翰进入了一个反应死循环。在视频通话中，约翰问米娅："你最近在忙什么？你都和谁在一起？"沉默了几秒钟后，她回答说："哦，我，嗯，只是维拉……和她的男朋友。"约翰对她的回答感到不满意，他想要知道更多的信息。他内心的应激假想是，她没有以他想要的方式回答他，也许永远都不会。他问道:“就这样?她的男朋友是谁?我不知道她有男朋友了。是新男友吗?”

米娅感到胸口发闷,喉咙发紧。她心想:他生我的气了,怎样才能满足他呢?这是她的应激假想。她经历了轻微的冻结反应,但她试图用轻松的态度遮掩一下自己的反应,说:“我跟不上他们的节奏——他们断断续续地有一段时间了。现在又开始了!”听到这句话,约翰对米娅轻快的语气感到不满,心想,我想知道这个男人是否被米娅吸引了,或者米娅是否被他吸引了?但他说:“你还好吗?你的声音听起来有点紧张。”这个问题让米娅开启全面触发反应,她回答道:“我还好吗?我好吗?你在说什么?我怎么会不好呢?!”听到这些,约翰愤怒地回答说:“我知道你在遮掩什么。你为什么不直接回答我的问题?!”

◇ 约翰的触发信号 ◇

这只是约翰和米娅之间几个类似的交流之一,但从这个交流中,我们可以概括出约翰的触发信号。

---

1. 约翰最主要的恐惧是害怕被抛弃,这在他之前的恋爱关系中也确实发生过。当他遇到米娅的时候,他已经知道了这些情况,包括被触发的感觉。他的触发信号是一种

熟悉的孤独感，得不到回应，没有人关心他，他的需求没有被满足。

2. 约翰的应激假想是米娅没有以他想要的方式回答他，也许是没法回答他。这反映在约翰的自言自语中，也是他触发信号的另一个方面。他倾向于关注别人没有做的事情，比如对方没有“守护在他身边”。知道了这一点，约翰就可以学会警惕这种自言自语了。

3. 约翰的反应往往是愤怒或恼怒，这是很有用的一则信息。他可以利用这一点来确定自己的状态：如果我感到生气或恼火，我可能是被触发了。

4. 除了自言自语和愤怒的感觉之外，约翰还有一种空虚或饥饿的感觉，一种他正在失去什么的感觉，一种有人正在离他远去的感觉。他还经常感到身体上有一种微妙的冲动，想要追赶米娅。最终，他可以把这些身体感觉添加到他的“我的触发迹象”的清单中。

一旦约翰确定了他的触发信号，他就可以使用它们作为被触发的“早期预警信号”。事实上，如果他注意到这些反应中的任何一个，他就知道自己可能被触发了，最好不要等到所有触发反应都出现。有些人对想法较敏感，对身体的感觉较弱，所以这些人需要留意那些指向核心恐惧的想法、解释、假设、怀疑、恐惧假想或自言自

语。有些人对感觉较敏感，还有一些人则对身体感觉更敏感。对大多数人来说，想法是最具误导性的，常常使他们认为自己是理性的或客观的，而实际上并非如此。想法来自自我意识，而自我意识习惯于做出听起来合理的辩解——以一种维护自我形象的方式来理解事件。注意那些自我辩解的故事！每个人都有这样的时候，这是你被触发的信号。

◇ 米娅的触发信号 ◇

基于上述互动，我们还可以识别出米娅触发信号的主要元素。让我们回顾一下几个迹象。

---

1. 米娅的核心恐惧是怕自己不够好，当她认为自己被评判、批评、误解，或被视为坏的、错误的、不值得信任的或无能的时候，她会产生触发反应。与约翰相反，她不太担心自己是否被爱，而是担心自己是否被视为一个善良、有价值、有能力的人。不是每个人都有相同的核心恐惧。当然，我们都想被爱、被尊重、被认为是好人，但是我们最深层的不安全感和我们成长时期最受挫的经历有关。和约翰一样，米娅在早期的恋爱中也发现了自己的核心恐惧，所以她已经对自己有了这样的认识。

2. 米娅的应激假想反映在她的自言自语中：他生我的气了，怎样才能满足他？这样的自言自语揭示了米娅倾向于远离她的核心恐惧，她认为约翰很难满足。

3. 当米娅被触发时，她的应激反应包括两种冲动：想要离开和想要自卫反击。有时，她会有放弃的冲动。不说话是她的首选策略。然而，在这次交流中，最明显的是她愤怒、自我防卫、高声地反问："我还好吗？我为什么不好？"由于这种颇具攻击性的爆发，米娅可以清楚地看到自己处于触发状态。

4. 在约翰问出："你最近在忙什么？你都和谁在一起？"米娅的应激身体感觉包括紧张和警惕。她注意到她的喉咙发紧，胸口发闷。约翰的问题本身就让她感到不舒服，产生冻结式的身体反应。通过练习，她可以学会识别自己被触发的信号。

如果米娅发现了自己身上出现了这些迹象中的任何一个，就代表她被触发了。她不需要等信号都出现。尽管如此，全面了解早期预警信号还是有好处的，因为大多数人一次只能注意到一两个。

了解自己独特的触发信号

了解你的触发信号,减少不必要的心痛和冲突,因为它可以让你:

---

1. 在被触发时停止说话,停止打字,停止想象,停止夺门而出;

2. 你要意识到,被激怒的时候不是发邮件责骂、辞职或告诉你的配偶“我要离婚”的时候;

3. 你被触发时,你要避免触发另一个人或火上浇油;

4. 停止自我毁灭的行为和想法,避免对自己造成伤害。

现在花点时间仔细考虑你自己的触发信号。想一下你之前回忆的一个触发事件,考虑一下核心恐惧、应激假想和应激身体感觉都包括哪些。没有必要确定所有的东西。就像我在约翰和米娅的例子中提到的,我们只需要注意到一个提示就知道我们被触发或开始被触发。你最容易识别的线索是什么?你是否提高了你的声音,感到胸腔有空洞的感觉,或者呼吸困难?你是否感到有点麻木或试图为自己辩解?你的辩解合理吗?

你还可以确定当你被触发时,你更倾向于战斗、逃跑还是冻结。这三个反应都有各自的特点和典型的反应行为。战斗的特征是：愤怒、恼怒和烦恼；自我对话中充满了不满、指责、责备或批评；身体的感觉包括握紧的拳头或紧缩的下巴、胃痉挛、背部充满能量、脸上发烫，以及反抗或追赶的冲动。逃跑反应则更有可能引发悲伤、恐慌、焦虑、恐惧和绝望等情绪；自我对话是防御性的、解释性的、自我辩护的，或试图找出如何改变或避免这种情况的方法；身体感觉如胸口发闷、喉咙发紧、眼睛睁大或头疼，激动以及想要移动的冲动，比如想要逃跑或躲藏。把“冻结”形容为“车头灯下的鹿”最恰当不过了。冻结会让人产生困惑、不知所措、震惊、头脑一片空白、关闭心门和游离；自我对话是，“怎么了，我是怎么走到这一步的，我不知道该怎么办”；身体的感觉包括麻木或失去知觉，以及无意识的动作，如颤抖或摩擦手指等自我安慰的动作。

当你完全了解自己的触发信号后，要对自己充满同情。对自我了解的渴望要大于对面子的渴望。识别触发信号的第一步是接受自己被触发了。你发现的迹象可能是你意识到你倾向于把自己的反应归咎在他人身上，可能是你的骄傲有时不让你承认自己的恐惧假想，可能是你认为被触发是错误的或疯狂的。如果当你被触发时，你对自己感到羞愧或自我批评，就暂停一下，看看你是否能走出自己，超越自己。就像看着电影中的自己，你认同批判的人、被批判的人，还是你觉得自己更像是整个场景的旁观者？你对这部电影的整体感受是什么？

接受你的触发因素可能并不容易。你可能首先接受你会被触发这个事实。你需要接受你对自己被触发感到羞愧、自我评判或蔑视。这是个不错的起点,可以通向全新自我,也许是通向更有爱或更宽容的自我。的确,“了解你所处的地方”是这本书和这条自愈之路的主题。

04 停下来，自我调节

重拾内心的安全感

> 暂停很重要，因为它可以阻止冲突进一步升级，避免有人再次受到伤害。

触发反应就像负重运行的火车。一旦出发，惯性使然，很难停止。如果不能及时踩下刹车，后果将不堪设想。我们要训练自己的刹车系统，比如，一旦注意到触发信号，就立刻停止眼下的事情，放空大脑。这并不容易，需要练习。在一开始，你可能很难及时停下来。

暂停很重要，因为它可以阻止冲突进一步升级，避免有人再次受到伤害。

记住，当我们的动物本能占了上风，一切都有可能发生。我们可能会对不悦耳的声音做出反应，就好像对方是攻击我们的敌人。

那些容易陷入“盲目愤怒”的人已经被触发了，而触发状态不会带来任何好处。

暂停的另一个原因是，它可以帮你练习控制内心的触发反应。你可以将有意识的选择插入原始行为（战斗、逃跑或冻结）的自动序列中。通过练习，你可以学会打断你的动物本能，放慢一切，有意识地放慢呼吸，平静思绪。

然而，一开始练习的时候，暂停是很困难的，因为触发神经系统的神经化学反应具有巨大的力量。这些反应是我们身体生存机制的一部分，凌驾于我们的推理能力之上，凌驾于我们的权衡能力之上，凌驾于我们的思考能力之上。

我们怎样才能学会暂停，开始自我调节呢？我们可以通过有意识的努力和相信自己的能力来学习。在触发原理的五个步骤中，停下来，自我调节是第三步。这一章可以帮助你练习暂停和平静，但本书中的其他练习也可以与暂停相辅相成。你对触发因素的接受度越高，识别能力越强，就越容易停下来，当你冷静下来后，你就会得到意想不到的回报（详见后续章节）。

暂停意味着什么？

掌握暂停的艺术需要注意早期的预警信号，然后，不要想太多，直接停下你正在做的事。你可以无声地说“暂停”或用其他信号来提醒自己。“其他信号”可能是一个特定的词，这个词对你而言是安全的，或者你可以使用手势，比如触摸身体上有触发感觉的部位或用手捂嘴，提醒自己闭嘴。你要与自己达成协议，在第一个反应迹象出现时使用这个信号。即使你错过了第一个信号，也要尽快停下来。迟做总比不做好。迟做实际上是大多数人能做到的最好的事情。

在大多数情况下，触发反应是在其他人在场的情况下发生的，所以与他人达成暂停协议也是很有帮助的。在理想情况下，你可以和对方讨论一下暂停的价值，如果一方使用了暂停信号——无论是“暂停”还是其他的词——双方都立刻停止。不需要解释什么，直接停止。如果双方都同意这样的做法，成功的概率会大得多。

与他人签订暂停协议

与他人签订暂停协议的第一步是双方都认为这是一件好事，每个人都了解在造成太多伤害之前停止反应性行为的价值。然后你们一起选择一个容易记住且没有负面联想的词或短语。“停止”这个词可能看起来很具功能性，但很多人发现这个词会引发很多消极联想，比如小时候被严令禁止某些行为。“中场休息”是另一个流行短语，对一些人有用，对另一些人没用。选择“停一下”这个词是因为它是中性的。不管选择什么词或短语，最重要的是找到一个大家都同意的暂停信号。

此外，无论用什么词，都尽量用中性的语气，或者更友好的语气。一开始可能很难，但可以练习。熟能生巧。

暂停协议的主要特点是，如果有人发出暂停信号，所有人都应立即停止说话，哪怕还没把话说完。暂停的目的不是让某人闭嘴，即使这可能是一个有用的副产品，而是让每个人都有时间冷静下来，并确信自己没有处于真正的危险中。你也可以用停下来的时间同情体谅自己。下一章将讨论这点。

协议的最后一个方面是决定再次尝试口头沟通之前要停顿多久。需要多长时间才能让每个人都变得足够冷静从而能够进行修复？在两个人的关系中，比如亲密的夫妇，最好的做法是采用两个阶段的过程。第一，当有人发出暂停信号时，两个人都停止说话，慢慢深呼吸十次。第二，假设十次深呼吸有效果，你们要一起考虑需要短期暂停（10 到 15 分钟）、中期暂停（1 到 2 小时），还是长期暂停（3 到 8 小时）。如果暂停持续 15 分钟或更长时间，人们通常会前往不同的房间或地点。虽然没有人能确切知道每个人需要多长时间，但短期、中期和长期的预估给了你一些目标，肯定了你回来修复的意愿，而不是粉饰太平，希望裂痕自动消失。这个时间协议也可以告诉你，你们什么时候可以互相检查，询问对方："你是否准备好着手解决刚刚发生的事情了？你是否需要更多的时间？"（修复过程将在"缓和气氛"详述。）如果有人需要更多的时间，那么你们可以简短地讨论一下你们需要多长时间才能再次互相检查。

没有一个完美的公式来决定暂停多长时间，但只需要有一些练习和经验，再加上一定程度的善意，这个过程就会变得更加顺利。

可能产生的问题是,如果另一个人没有像说好的那样回来解决问题,他可能会被再次触发。如果发生这种情况,这个人可能需要延长暂停时间应对这种额外的触发反应。

在小组中(也就是说,在任何超过两个人的情况下),暂停协议的程序略有不同,这会在“当我在群体活动中”和“当我在领导的过程中”有所描述。

有意识的自我平静

通常,说或听到“暂停”这个词会让你恢复一点意识,然后做一个至少三分钟的自我平静练习。留意观察和减缓你的呼吸,平静你的神经系统。

在暂停的时候可以使用下面的方法练习,但是我建议你先在没有被触发的时候练习,然后当你真的被触发时,你就会更容易成功。找一个安全、舒适的地方坐下或躺下。如果感觉很不错,请闭上眼睛,用鼻子呼吸,把注意力集中在你呼吸的感觉上,保持一段时间,接下来,放慢呼吸,深呼吸,把你的全身想象成一个气球,吸气时变大,呼气时变小,每次呼气后,休息一会儿。保持一段时间。把注意力集中在延长呼气时间上,感觉自己随着每次呼气越来越放松,释放紧张,释放思想。许多人发现理想的节奏是吸气四次,呼气六到八次。脑科学家发现,这种节奏会激活迷走神经,然后在全身释放放松激素。其实,即使你在呼气结束时只休息了一小会儿,放松的效果也是相似的。当应激想法进入你的大脑，把你的注意力从你的呼吸上转移开时，直接把你的注意力轻轻带回到呼吸上。吸气时，感觉你的四肢和腹部都开始扩张。呼气时，感觉胸部、肩部、下颚、脸部都开始放松。扫视你的身体，找出紧张的地方，想象你把氧气注入这个部位，看看是否能让其更放松。

这种有意识的自我平静练习应该在暂停的时候使用。暂停是为了防止造成进一步伤害，也是为了平静你的神经系统，恢复大脑高级神经中枢功能。知道如何自我调节是一项至关重要的技能。

一旦你平静下来，你的整个神经系统感觉稳定，那么你就不再受爬行动物脑（即前文所说的蜥蜴脑）的支配，可以冷静地评估情况或已经造成的损害。现在你可以花些时间消化你刚刚经历的事情，并思考你的触发反应是否与过去的创伤有关。这个探究过程是下一章的主题，下一章描述了如何使用触发反应愈合过去的创伤。这是停下来自我调节的好处，我们可以通过自我同情开启自我治愈的道路。

其他自我安抚的技巧

另一个流行且有效的练习是把你的注意力集中在身体坐在椅子上的感觉，以及身体被椅子支撑的感觉上。你要在没有触发事件的情况下进行这个练习，找一把你觉得舒服安全的椅子坐上去。闭上你的眼睛，注意你的身体在椅子上的感觉，注意你的胳膊放在椅子扶手上的感觉。注意呼吸的进出，用鼻子慢慢呼吸，注意每次呼气时放松的感觉。当你注意到椅子的支撑感觉后，把自己沉到椅子里，放松身体。随着每一次呼气，进一步放松身体。记住身体被支撑的感觉。

此外，冥想练习在暂停期间也是有益的。如果你已经发现了一个对你行之有效的练习，那就使用它。有些人发现很难注意到身体的感觉，对这些人来说，从1数到10、20或100都很有效。或者你可能喜欢使用咒语：一个或一组帮助大脑集中或安定下来的词。咒语通常对那些身心联系不密切的人很有效。

敲击疗法或EMDR（眼动脱敏再处理疗法）也很有用。瑜伽、太极、气功、念经或数念珠也可以。有些人发现跑步、散步、跳舞或举重对真正了解自己的身体很有帮助。不断实践，找到最适合你的方法。

从过去的错误中吸取教训

当人们忘记暂停或没有及时暂停时，他们会感到沮丧并想要放弃。如果你一开始就遇到这种情况，也不要放弃。缩短触发反应和停下来之间的时间差的最好方法是把你过去的失败作为学习的机会。这里有一个练习可以帮助你做到这一点。

首先，回忆一个人际触发事件，在这个事件中，两个人都被触发了，而你没有停下来。确定你没有停下来的原因。也许一个人说了

“暂停”，但被忽略了。也许你想过暂停，但又担心这会让事情变得更糟。也许你们俩不欢而散。不管原因是什么，确定这个原因可以让你接受抗拒改变是普遍的。仅仅因为你知道这是个好主意就去养成一个新习惯是不容易的。找出你没有停下来的原因可以让你发觉你的恐惧和抗拒。试着接受你的抗拒，注意和接受抗拒能帮助你克服抗拒。不要抗拒你的抗拒。接受并探究你的抗拒，只要你学会倾听它，它很快就会消失。（需要明确的是，这是对学习有用的新东西的抗拒，而不是对维护界限的必要抗拒。）

当你回忆起这件事的时候，考虑一下你们之间的关系是否在触发之前已经有些紧张。之前是否有过一件事或一段对话没有圆满结束？是否有一场本该发生却没有发生的对话？如果可以重新来过，那么你会在什么时候、怎样开始和对方对话呢？现在在你的脑海中，说出你想说的话，问问你自己：“如果能重新来过，我希望我如何回应？”想象自己的回应，这样做会让你做好准备，在下次遇到同样情况时能做得更好。

然后回想一下你被触发时的感觉、感受、语言或想法。触发信号中的哪些元素是正在发生的或可见的？尽可能详细地回忆，当你注意到这些迹象时发生了什么。在这一系列事件中找出你应该暂停的时刻。想象一下，当你被触发却没法说“暂停”时，你的感觉是什么。运用你的想象力，感受一下这种感觉。你觉得害怕，麻木，虚伪，焦虑，愤怒吗？

如果你说了“暂停”，但你的提议却被忽视了呢？如果发生了这种情况，回顾一下你是如何提议的。你能记得你喉咙的感觉吗？你的声音听起来怎么样？你身体的其他部位感觉如何？花点时间思考一下。你能看到你当时忽视的东西吗？也许你实际上并没有说“暂停”，你用了一个别的词。也许，在你没有意识到的情况下，你用了过多的词。也许你的声音太小了，对方没听见你说的话。有很多原因可能导致暂停提议被忽略，但这不是任何人的错。毕竟，你们都被触发了！在现实生活中，盖住别人的说话声音可能很困难，所以练习用没有感情色彩的语调重复说“暂停”，就像坏掉的唱片，直到对方停止说话。这在现实生活中可能并不总是有效，但无论如何都要做这个练习，它能让你学会足够坚定地划清界限。

有时候，当一个人夺门而出或转身离开时，冲突或插曲就结束了。如果这是在愤怒或沮丧的情况下发生的，那就不算是暂停，而是一种反应。回忆一下这个场景，想想夺门而出是怎么发生的，谁做了什么，说了什么，你有什么感觉？花点时间在你的脑海里回顾一下。这些技能练习的目的是，看看你是否能注意到火花飞溅之外的事情。通常而言，人们能在事后看到更多，因为在反思时，他们会感到平静和安全。

然而，如果你在做这些自我反思练习时再次被触发，停下来有意识地呼吸。当回顾一件事情时，你记得自己是多么无助或无能为力。这可能是你再次被触发的一个迹象，可能会带来应激感觉，如愤怒，和应激假想，如责备。或者，它可能会让你回忆起你的核心需求——如被重视和被尊重——没有得到满足的时候。如果你发现自己被触发了，停下来，让自己平静下来，用温柔和自我同情的方式、花些时间和你那脆弱的、受伤的感情在一起。下一章将提供更多的方法练习自我同情。

一旦你对你的暂停提议没有得到尊重做了彻底的反思，你可以想象一下如何从这个情况中抽身，尽量使用一些中性的语言来传达信息。例如，你可以说："我需要休息一下。我马上就回来。"你可以为自己写一个简短的剧本，想象自己的台词，注意你说话时和说话后的感觉。记住这一刻。看看你是否能欣赏自己为了双方的利益划清界限。现在，想象你在离开房间的时候，把这句话再说几遍。当然，在一些的情况下，离开可能不是一个选择——你可能在行驶的汽车或飞机上。在这种情况下，你可以说你要冥想或祈祷，坐在他们的身边，专注内心的活动，缓慢呼吸。

大多数人在进行这种自我反思练习时会意识到的一件事是，很多时候，他们本可以暂停，但他们认为坚持下去，对话可能会好转。人们认为：如果我能让我的伴侣听一听这一点，他们就会理解我。当你做这个练习的时候，注意像这样的想法，并承认这可能是一厢情愿。这个练习的主要目的是训练你自己去观察正在形成的触发反应，注意到触发信号的元素，并在需要的时候发出暂停的信号。这个练习还证明，早暂停比晚暂停意味着稍后需要修复的损伤更少。

如果对方被触发了，无法停下来

有时候，或者在某些情况下，你会注意到在自己被触发之前，别人已经被触发了，可能是因为你的反应不那么强烈，或者你的反应形成得更慢。这对你的另一半和其他人来说是一份礼物，因为这意味着你能够在反应升级之前观察和停止反应。在这种情况下，如果你注意到对方的反应，可以用同样的方式发出暂停信号。但是，你不要说："你被触发了。我们需要暂停。"只要说"暂停"或"我需要暂停"。

如果你发现你身边有一个被触发的人，不能或不愿停下来，试着把这看作另一个机会。你要在这段关系中学习一些东西，你要接受有时你必须划定界限或做一些让你在乎的人不高兴的事情，这并不容易。你可能需要单方面暂停一下，然后离开。否则，你可能会觉得自己被困住了，并怨恨你的伴侣。

记住，有些人的内心承受了太多的创伤、耻辱或不安，以至于他们的神经系统一直处于高度戒备的状态。不管你提议多少次，有些人就是不能停止反应。即使你们事先有一个暂停协议，对方可能还是会继续反应（说话、争论、辩解），或者他们可能会被你的暂停提议触发。

如果发生这种情况，你可以说："我需要暂停一下。我想让自己平静下来，晚饭后再谈这个。"在理想情况下，你可以用温暖或安抚的语气说这句话，你可能还要给出承诺，比如，"我知道我们会和好的"或"我保证等我冷静下来后就来找你"。

如果你一直这样做，即单方面的暂停，然后做自我平静练习，对你们的关系会很有帮助，因为这代表你能够大声说出需求，设定合理界限，照顾自己的感受。你表明了你不愿和对方一起进入无益的、有害的死循环。你不愿接受他人的不理性行为。这是一个合理的界限。这种单边暂停练习对相互依赖的人来讲特别有用。你要练习坚定立场，设定合理的界限，即使冒着惹恼伴侣的风险。记住，伴侣的不快是可以被修复的。

我们更尊重自己，也会影响他人如何与我们相处。同时，暂停可以迫使对方做一些不同于他们过去所做的事情。我们不能确定对方会如何利用这段时间，但单方面的暂停意味着对方不能继续争论、辩护、质疑、指责等。也许他们会发现新的方法来处理他们的沮丧情绪。

当然，如果你和你的伴侣达成了暂停协议，但它很少奏效，你可能需要接受你们并没有一个真正可行的协议。你最好的选择是，当你发现自己或对方被触发时，继续要求暂停，如果对方继续做出反应，就单边暂停。

提前练习暂停

暂停需要约定和练习。进行这种练习的最好方法是，在任何紧张、快节奏或令人费解的对话中，与伴侣、朋友甚至一群人约定"暂停”。这可能并不意味着有人被触发了。这只是练习。当你这样做的时候，你可能会发现人们喜欢偶尔停下来检查一下自己的神经系统状态，然后意识到自己被触发了。在通常情况下，一个人不会意识到自己被触发了，因为他们已经习惯了在一定程度的恐惧或焦虑中生活。

当一个人说话和思考的速度比另一个人快的时候，这种只是为了练习的暂停特别有用。如果这在你的主要伙伴关系或商业关系中是有用的，你可能需要使用一个不同于“暂停”的词，特别是当你使用“暂停”来停止自己的触发反应时。我建议你这样说：“我们能慢一点吗？”或者“我想停下来记录一下”。这些话术在工作和亲密关系中都很有用。

在我领导的一些个人成长小组和社会医疗小组中，当事情变得紧张的时候，我会随意地敲一下钟。当他们听到钟声时，他们会暂停下来，保持安静，并开始内省。对一些人来说，这是一个平静、放松或感受脚下地面的机会。另一些人则利用这个暂停来检查和注意自己的感受和想法。在群体互动继续之前，人们通常喜欢分享他们在暂停期间意识到的事情。

除了暂停练习之外，你可以在日常生活中插入正念冥想，减少你的压力，增强你与自己和他人的联系。我们中有太多人生活在“自动驾驶仪”中，一言一行都根据习惯，而不是真正的意识。但是，如果我们养成了开口说话时常常停下来检查自己的习惯，就会让我们在与他人的交流中更全面地审视自己，分辨细微差别。

FROM TRIGGERED TO TRANQUIL

05

关注自己的感觉和情绪

心胸宽阔，充满爱意

> 无论你注意到你身体出现了什么样的反应，心里升腾起什么样的情绪，看看你能否欢迎并拥抱这些反应和情绪。

本章描述了如何以一种纠正性情感体验的方式处理触发反应。通过发现一直隐藏在阴影中的自我，我们可以获得一种完整感，而不是觉得自己在某些方面有所欠缺。当我们探索到我们潜意识的阴暗面时，我们可以温柔地把这些隐藏的角落带入光明。

本章的第一部分提供了一个向导式的说明，告诉读者，儿童要怎样才能成长为健康的成年人。这些练习教会我们带着爱意和支持与自己相处，接下来第二部分，我们将进行一些自我同情的练习，在我们暂停或被触发时使用。

内心活动:把生活当作练习

触发反应帮助我们发现我们童年未被治愈的创伤。在这些反应之下,隐藏着对关注和温柔对待的需求。需求产生恐惧,有时是不安的感觉,有时是不敢表达的依恋需求。

我一直很喜欢这样一句话:“把日常生活当作精神修行。”这句话提醒我,我们可以把生活中发生的每一件事看作内心修行的机会,心胸宽广,不仅关注自己的私利,还关注“整体的利益”。就我个人而言,这种内在修行的形式是,每当我对什么感到抵触时,我都会额外注意。抗拒几乎总是暗示着情感上的不适。这是一种触发反应。当我注意到自己的抗拒时,我将其视为一种迹象,表明在我的内心有一些隐藏的疼痛、未愈合的伤口或发育缺陷,而我还没有完全接受、拥抱和爱它们。像大多数人一样,我本能地抗拒去面对和处理那些不舒服的感觉或恐惧。所以唯一能让我鼓起勇气面对这些不舒服的地方的是我“把生活当作练习”的承诺。

害怕软弱或贫穷

孩童时代,当我们表达我们的眼泪、恐惧、受到了伤害或需求时,我们可能会被批评或羞辱、嘲笑或捉弄。也许有人告诉我们,自私或软弱是不对的。也许有人说我们太敏感或太情绪化。我们的不安或弱点可能会让成年人感到不舒服,也许会引发他们的恐惧,如果他们的孩子不快乐或不完美，这意味着他们不是称职的父母。这种常见的父母自身的恐惧和自我怀疑会蔓延到他们的孩子身上，孩子的脑海中会产生一种印象，如果我需要帮助或处于痛苦中，没有人愿意在我身边，或者人们会感到不安。也许当我有这种感觉时，我是坏的或错的。

读到这里的时候你可以暂停一下。这些表现你都有吗？给自己一些时间去体验你心中升起的感觉、记忆或想法。就我个人而言，当我写下这些关于父母对孩子不安情绪的焦虑时，我感到悲伤，胸口有一种轻微的疼痛感，因为我的父母就是这样，尤其是我的父亲。

无论你注意到你身体出现了什么样的反应，心里升腾起什么样的情绪，看看你能否欢迎并拥抱这些反应和情绪。通过感受一些过去不被允许的事情，你的自愈之旅又前进了一小步。你开始了找回你失去的、被拒绝的或被抛弃的部分的旅程。

童年的依恋需求

为了发展成为一个身心健全、值得依赖的成年人，儿童的某些需求必须得到满足，但几乎每个人都经历过需求未得到满足的挫折。

婴儿需要照顾者的身体触摸、眼神接触和安抚的声调。当孩子感到不适时，他们需要被充满爱意地抱着。这被称为协同调节。在成长过程中，我们一直都需要协同调节，但在婴儿期，我们需要它来维持我们的生存以及神经系统的正常发展。

所有的孩子都需要安全感，远离身体和情感上的伤害。你小时候有受到保护的感觉吗？或者你经常独自处理可怕或危险的事情？你父母的行为有时让你感到害怕吗？你是否记得有人在你哭泣时抱着你安慰你？当你害怕的时候，是否有一个值得信赖的成年人可以让你寻求安慰？现在停下来思考一下这些问题。注意出现的身体感觉、感受和想法。考虑一下你对你所注意到的事物的感受。例如，如果你注意到回忆中的某件事让你感到悲伤，你对自己的悲伤感觉如何？你是会接受你的这种感觉，还是会批评自己？这些问题没有标准答案。你要保持好奇心，提高发现隐藏情感的能力。

所有的孩子都需要爱和关注。孩子们需要感受到爱、珍惜和重视。他们需要与父母一起度过宝贵的时光，父母既要注意孩子是否显得不舒服，又要倾听孩子的心声，对孩子感兴趣的事情表现出兴趣。你觉得自己被爱过吗？你父母喜欢和你在一起吗？或者他们和你在一起时，注意力却在别处？现在停下来思考一下这些问题。注意出现的身体感觉、感受或想法，并注意你对你所注意到的事物的感觉。

所有孩子都需要得到积极的引导。孩子们需要大人教他们怎么做事，比如扔球或游泳。他们需要学习何谓耐心，即他们必须付出很长一段时间的努力，才能享受回报。他们需要学习如何沟通，并将感受用语言表达出来。他们也需要空间自己尝试新事物，比如，不用成年人在旁监管，独自学习用锤子敲钉子。他们需要指导，但也需要信任，即让他们在没有成年人过度干预的情况下做事。在这方面，你的童年是怎样的？有没有人耐心地向你展示如何完成一项任务？你还记得当时的感觉吗？指导是我们很多人从父母以外的其他人那里得到的东西，比如教练或老师。当你回顾你的童年时，回想一下你需要指导但却没有得到的时候，要么是因为你不敢寻求指导，要么是因为你得不到指导。你是否记得父母曾妨碍你完成某件事或不准你自己做某件事？你的接受指导的记忆大多是积极的吗？停下来思考这些问题，注意出现的身体感觉、感受和想法，并注意你对你所注意到的事物的感觉。

练习：同情你内心的孩子

如果你能够花时间回顾你小时候是如何感受到被保护、被爱和被尊重的，你的自我同情能力也会得到提升。这里有一个培养同情心的练习。你可以开始回忆一件事，比如一个重要的发展需求没有得到满足的时候。或者你没有任何具体的记忆，但你有一种直觉或一种感觉，一种特定的需求没有得到满足的感觉。选择一些情感上伤害你的事情，但不要选择你的身体被侵犯、你经历过的身体攻击（比如有人打你）或你对自己（或别人）的身体安全感到担忧时发生的事。不涉及身体的练习不需要治疗师或教练，你自己也可以安全地进行，而涉及身体的练习则需要治疗师或教练的帮助和指导，所以不要选择进行那些可能造成严重创伤或引发强烈感受的练习。

◇ 痛苦的回忆 ◇

一旦你有了目标，找一个安全舒适的地方坐下或躺下，确保你不会被打扰。留出至少 30 分钟的时间，这样你的大脑就可以从其他事情中解脱出来。只有当你知道你有足够的时间和精力完全集中的时候，再去做这件事。

当你准备开始时，放松你的身体，平静你的神经系统，感觉你的身体放松地坐在椅子或地板上。当你感觉到空气在身体中进出时，让你的呼吸慢下来。每次呼气结束时休息一会儿。花点时间，感受你的呼吸和腹部或躯干的起伏。当你感觉准备好了，把注意力转移到童年的记忆上，事情发生时，你感到不被爱、被批评、被忽视、被抛弃、被拒绝、被误解、孤独或不知所措。花时间在脑海中回放这一幕。放慢呼吸，全心投入，从宏观的角度来看，观察场景中的元素，就好像你是观众在观看电影，就好像事情发生在你的眼前。

接下来，把你的注意力放在曾经的你的身上。想象或回忆曾经的你的感受、思考或需要。作为观众，看看你是否能以一种开放、宽容、充满爱心的姿态见证。继续关注呼吸，激活足够的自我来应对任何可能出现的感觉。当你在想象的电影屏幕上观察这个曾经的你时，看看你是否能对这个曾经的你感同身受。一边感受这个孩子的感受，一边保持旁观者或观察者的位置。作为观察者，你有什么感觉？你采用了双重关注焦点，你既是电影的观众，又是电影的主角，你在这两个层面都意识到了这一点。再坚持一段时间。和这种感觉待一会儿。

顺便说一句：如果你觉得很难想象这种感觉，你也可以用书面的方式来做这个练习，在纸上用文字描述事件的发生顺序，回忆当时的感觉，以及观察曾经的你时的感觉。

作为这一场景的旁观者或叙述者，你的身体有什么样的感觉？你有什么感受？你是否感动得流泪？你感受到爱了吗？你感到悲伤或痛苦吗？你能否同情曾经的自己？你是否感到愤怒或者想要保护这个人？还有其他想法吗？你有什么想对场景中的任何人说的吗？对曾经的自己或在场的另一个人？花点时间让你的想象和感觉产生、改变、移动、扩展或消退。保持好奇心，看看接下来会发生什么，同时追踪你的身体感觉和感受。继续关注你的呼吸。

如果感觉过于强烈，或者你开始感到茫然或麻木，睁开眼睛，环顾四周。看看你所在房间里的物品。说出其中一件物品的具体名称（例如，“我看到一幅带有金色画框的黄红相间的画”）。当你再次感到平静时，再次回到童年的场景。确保你的呼吸缓慢、均匀，保持一种舒适的节奏，就像海浪的潮起潮落，放松。

如果感觉很自然，可以在想象中触碰一下你内心的孩子，张开你的双臂，让他靠近你，拥抱并安慰脆弱的自己，就像安慰你深爱的那个人一样。和这个孩子一起在这里待一会儿，向这个孩子保证你的存在，就像在说：“你现在安全了。无论你有什么感觉都没关系。我和你在一起。你并不孤单。”

当你准备好结束这种内心的探索时，睁开你的眼睛，环顾四周。如果你躺着，那就坐起来。在房间里挑一个物体，集中注意力。感受你的身体在椅子上或你的脚在地板上的感觉。移动你的身体，激活你与外部世界的连接。感谢自己愿意踏入未知的领域，发现自己和历史的隐藏面。

◇ 复盘练习 ◇

你可以复盘一下这个练习带给你什么样的感觉，这个复盘练习可以立刻进行，也可以等一段时间，反思你得到的经验。这个练习的主要目的是加强你的意识和练习你的自我同情，但有些人发现这个练习可以帮助他们发现深埋的记忆或治愈旧伤。这本书中的练习提供了多种方法来进行自我接纳、自我移情和自我同情。有些适合你，有些可能不适合。如果你觉得某个练习对你有效，我建议你用录音机录下练习说明，在每个提示或问题之间停顿几秒钟，这样你就可以坐下来，一边重复练习，一边听着录音说明。

这种同情练习对于那些认为自己强壮、厚脸皮、自力更生或镇定自若的人来说尤其有用。这样的自我形象可能表明他们"没有时间去痛苦"。也许他们还会批评那些花太多时间自怨自艾或有受害者心态的人。这种练习也有助于人们摆脱自己没有吸引力的部分——比如易敏感或应激反应。事实是,每个人都有一个没有意识到的恐惧或痛苦的蓄水池,这个池子冻结了人们的部分能量或注意力。同情将帮助池子解冻,并让你的生命能量再次运转。起初,这种能量的移动可能看起来很可怕或不自然,就像当一个人开始哭泣颤抖的时候,旧的记忆会不停地浮现出来。但像这样的移动标志着创伤的愈合。你一定要学会安慰自己。

艾米丽的练习

艾米丽是一名私人心理教练,客户主要是企业高管,她认为她非常熟悉人性中隐藏的角落。她习惯了别人对她展示脆弱,却不太习惯向别人展示她的恐惧和不安。当她来找我做心理教练时,她说她很难与丈夫大卫建立一种相互联系的感觉,好几年都是如此。她描述了一次触发事件,有一次,当她试图拉近彼此距离,问大卫最近感觉怎么样时,她被触发了。

当我们讨论这件事的时候,艾米丽想起了许多童年的事情,她的父亲愿意花时间陪她,但做什么都是按照他的喜好。他带她去赛马场,但她对马和赛马从来就没有多大兴趣。他带她去建筑用品店,和她一起看体育节目。她对这些活动都不感兴趣,但和父亲在一起的机会很难得，所以她尽可能多地参加这些活动。

我指导艾米丽做了“同情你内心的孩子”的练习。当她回忆起在赛马场坐在父亲旁边的感觉时，她说：“我感觉心中有个大洞，里面空空的。是的。我感到空虚，漂泊不定，与任何事物都没有联系。”我让她注意自己的呼吸，为这些感觉和感受腾出空间。她注意到自己的身体僵硬起来，仿佛她在抗拒这些感觉。“这些感觉让我觉得很脆弱，”她说，“就像我和他没有了联系就什么都不是，就像我不存在一样。我不想那么依赖别人。”她坐了一会儿，心里既感到空虚，又想把这种感觉推开。我提醒她不管发生什么事都要继续下去。在这个练习中，我们没有预设的目标。

过了一会儿，她的身体开始微微上下震动，就像在一条崎岖不平的路上骑车一样。她鼓起勇气抓住自己，用双臂抱住自己。震动持续了几秒钟，然后就停止了。眼泪开始从她的眼里流出来。她仍然抱着自己，身体变得柔软了。她说：“当我开始像这样拥抱自己的身体时，有些事情发生了变化。好像有人听到了我的呼救声。我从不寻求帮助。我从没想过寻求帮助有什么好处。”像这样坐了大约一分钟后，艾米丽的眼神变得更坚定了。她直直地看着我，身体放松地坐在椅子上。然后她回忆说，她从来没有告诉过她父亲，她不喜欢去赛马场，她更希望他们做一些她喜欢的事情。她意识到她几乎从来没有张嘴向大卫提过自己的需求。她一直在潜意识中以为自己没有权利提出需求。相反，她养成了一种习惯，总是问大卫感觉怎么样。

事情很快就变得清晰了,艾米丽一生都在保护自己,不想让自己在听到“不”时变得脆弱,不想提出需求后却得不到满足。这个问题在她和父亲的关系中就困扰着她,现在她和丈夫又一次面临着这个问题。

这样的练习可以帮助艾米丽注意到所有这些感觉和想法。但是她仍不愿意主动提出要求,所以问题并没有立刻得到解决。她需要多次重复这个练习,像这样与自己建立联系,为她害怕的部分保留空间。她需要熟悉内心的紧张感,她需要了解她有欲望的那部分和她害怕提要求的那部分。她需要花时间去了解那个已经习惯了适应她父亲的要求的小女孩。随着时间的推移,她会慢慢学会承担情感上的风险,练习敢于听到“不”或“现在不行”的能力,在不能依赖他人的时候,她有能力把温柔带给自己。

练习自我观察

在这本书中,当我让你停下来思考你所阅读的内容,并注意你的感觉和感受时,是为了帮助你发展和加强自我观察的能力。人类意识包括意识的对象,即你看到的、听到的、感觉到的、想到的、记住的东西。我们的意识就像一个广阔的开放空间,意识对象就存在于其中。我们可以说,在意识中,存在着观察者、被观察的思想或感觉,以及存在的空间。

注意、见证或自我观察的能力就是佛教心理学所说的正念。在印度的脉轮系统中，正念拥有"第三只眼"的视角。第三只眼是眉毛之间的能量中心，可以从一个包罗万象的视角看待一切，超越我们日常的个人视角。许多其他的精神传统也重视这种扩大视野的能力。这是我们人类"超越问题表面"的一种能力。

同情你内心深处的孩子是成为自己的观察者的一种方法，但它关注的是过去。下面，我将提供一种方法，在触发反应发生时练习正念冥想，即关注现在。在孩提时代，许多人开始相信，这个世界上容不下他们的不安、恐惧或痛苦。也许是因为他们的父母在他们哭泣或吵闹时焦虑、恼怒或生气，所以他们形成了错误的信念："如果我感到痛苦，那就是我有问题，我软弱、有缺陷、太敏感、令人讨厌，我会被回避、忽视、惩罚或压制。"成年后，当我们沮丧时，我们仍然保持着批判或羞辱自己的习惯。

我们可以摆脱这种错误的条件反射，成为一个明智的、自我滋养的情绪持有者"。我们可以使用触发反应重新连接被抛弃的部分，治愈自己的恐惧。下面这个带有同情心的自我探究练习可以帮助你了解自己被隐藏或被抛弃的部分，并给予它们所需的关爱。

练习：带有同情心的自我探究

掌控触发反应的下一个步骤是在触发反应发生后（甚至发生时）学会如何应对。带有同情心的自我探究练习包括花时间与那些刚刚被触发的感觉、感受和恐惧假想共处,允许这些因素被看到、感觉到、听到或注意到。当你第一次开始练习时,整个过程可能需要15 分钟。此后,练习花费的时间会越来越少,后期,你可能能够在不到一分钟完成所有步骤。

◇基础练习◇

在你发现自己产生触发反应后,立即或尽快找一个安全的地方,可以让你一个人独处,不受打扰,想待多久就待多久。这个地方可能不能立刻找到,但你要尽快。如果你和对方有一个暂停协议,这就是你在暂停期间要做的事情。

一旦你到了这个安全的地方,你要练习自我平静。闭上眼睛,用鼻子慢慢地呼吸十次以上。当你呼气的时候,集中精力放松身体,把心里的假想或试图弄清楚的事情放一边。注意椅子支撑着你的感觉。感觉你的身体碰到椅子的地方。当你感觉到这些时,继续缓慢而有意识地呼吸。当你感到放松时,注意这种感觉,并记住,无论什么时候你都可以回到这个地方,无论是在练习中还是在你的生活中。

当你感到真正的平静和安全,保持深呼吸,回想一下触发事件:你在哪里?和谁在一起?说了什么,做了什么,没做什么?你是对某个手势或语调有反应吗?当你这样做的时候,你可以从观察者的角度看问题，用开放、接受和好奇的态度来观察这件事。如果你的大脑开始编造故事、试图解释或找借口，你要把这些想法先放在一边，继续回忆和见证感觉和感受。

接下来，考虑一下你在这一触发事件中的反应：你感觉到了什么？身体有什么感觉？你做了什么或说了什么？还是你的反应主要是内在的？允许这些感受重新回到你的身体里，让自己感觉这些感受，但这一次，你要一边在缓慢、有意识呼吸的支持下感受它们，一边观察它们。

与自己此时的感觉和感受共处，让它们顺其自然，对它们感到好奇，希望进一步深入了解。当你观察你的感觉时，也要注意整个场景，注意你对触发事件的反应，以及如何见证这一切。是困难还是痛苦？以这种方式和自己共处是否让你感到受到了支持和滋养？只要你想要或需要，就继续保持这个滋养的、充满好奇的空间，不要太快结束练习。当你和这些感觉和感受共处时，它们可能会发生相当大的变化——大小、形状、位置、温度、重量。让一切自在发生，让一切顺其自然。这个过程可以让你相信自己有处理困难情绪的能力。每个人都有自己独特的处理自己情绪的方式，对一些人来说，他们的探究过程就像一条直线，从这里快速地移动到那里。对另一些人来说，他们的探究路线更迂回，他们移动得更缓慢，有时还伴有短途旅行，具体参见下面的“探索深层次的感觉和记忆”。当你觉得你准备好了，你可以进入“结束练习”。

◇ 如果你感到不知所措，立刻开始自我平静练习 ◇

如果你感到被一种强烈的感觉或记忆所淹没，那么就立刻开始自我平静练习。呼吸时，注意你的胸部和腹部的运动。如果你仍然感到不知所措或害怕，睁开眼睛，环顾四周。将你的注意力集中在一个物体上，描述它的物理属性（例如，“我看到一把绿色的皮椅子，它的四条腿上各有一个小轮子”）。然后注意你的感觉。如果你感觉平静和思路清晰，就继续练习。

如果还没有平静下来，那就休息一下，做一些让人感觉放松的事情，比如听音乐或散步。另一个选择是拿条毯子把自己裹起来，这样会让你感到舒服，或者只是躺在毯子或枕头上。试着把手掌直接放在身体上有感觉的地方，感受手掌的温暖辐射到身体里的感觉。摇晃、拥抱、敲打、触碰和抚摸自己都是表达关心和照顾自己的方式。

如果你经历过复杂的创伤或患有创伤后应激障碍，你一定要小心，如果旧的创伤性记忆突然出现，让你不知所措，你可以做任何对你有用的事情来打断这段记忆，比如我在本书中建议的事情。尽管这个练习的重点是最近的、非创伤性的、人际的事件，但有时也会出现过去创伤的闪回。

◇ 探索深层次的感觉和记忆 ◇

当你回忆和观察触发事件时，你的思想可能会超越事件本身。你可能会思考：是什么导致了这件事，它本该或本不该发生，这对你和他人的关系意味着什么，你有什么其他感受，有哪些相关的事件，等等。你要允许这些想法出现，观察这些想法，保持开放的态度和一颗好奇心。你的想法是否揭示了一种特殊的情感态度，比如愤慨、责备、羞愧、失望？你的想法之下是否隐藏着更深层、更脆弱的情绪，比如害怕没人关心你，害怕孤单，害怕你不够好，害怕你的需求无关紧要，等等。像这样的恐惧往往隐藏在听起来相当合理的借口之下。例如，艾米丽习惯性地对自己说："爸爸不懂得如何去爱。"这个方法帮她驱散对自己无价值的恐惧。

当你注意到一种被深深保护或隐藏的恐惧出现时，这代表着你的自愈之旅已经初见成效。如果一种脆弱的核心恐惧显露出来，那就温柔地拥抱它，把它想象成你深爱的孩子。和自己共处一段时间，安慰自己，继续慢慢地、有意识地呼吸。记住，恐惧有时只是一种想法，恐惧并不意味着真实（比如害怕被忽视），这种恐惧只是指出了一些没有得到满足的核心发展需求（例如爱和关注）。

同样地，如果你经历了任何反应性的感觉，如沮丧、愤怒、震惊、绝望、焦虑或困惑，试着以同情的态度对待这些感觉。如上所述，把这些不安的感觉想象成你深爱的孩子，去了解它，去感受它，给予它一直需要的爱和理解，允许它移动或改变。如果你有想哭的感觉，就哭出来，因为哭泣是移动停滞能量的一种方式。告诉它，你在这里，你愿意在这里，只要它需要你，你会一直在这里。当你这样做的时候，你就成了不安的自我的依靠，为不安的自我创造了空间，能充分感受隐藏在触发反应之下的恐惧或不安。

旧的记忆或熟悉的联想也可能浮上心头。有时，成年人的触发反应与过去的经历有关，你会想起你以前的生活或童年。如果一个特定的痛苦、恐惧、困惑或不安的童年记忆出现了，把你的注意力转移到那个场景，并进行“同情你内心的孩子”练习。当练习自我平静时，回忆过去的事情；追踪你的感觉、感受和思想；为恐惧的出现留出空间。以一种接受和好奇的态度对待任何产生的感觉，和自己共处，允许它们随意愿改变和移动。

◇结束练习◇

不管出现的是感觉，还是更早的记忆，让自己去感受出现的任何东西。如果你被感动了，你甚至可以大声表达，允许自己说话、喊叫或哭泣。想象一下，你和另一个卷入触发事件的人会有怎样的对话，大声说出任何想说的话。如果你被感动了，就对脆弱的自我（或对你内心的孩子或年轻的你）说些安慰的话，让你的话语充满爱意和同情。例如，你可以说“哇，太紧张了。你很有勇气”，或者“我爱你。我就在你身边”。如果没有想说的话，也没关系。言语表达并非必须。

当你感觉你准备好了，比如，你感受的时间比平时长，探索情感或记忆比平时深入，你就可以结束练习。为你的身体找到一个舒适的姿势，然后缓慢平静地呼吸十次。睁开你的眼睛，动一动你的身体，慢慢地站起来，对自己温柔一点，不要着急，四处走走，一边走一边感受你的身体。注意你是否对自己的感觉更加敏感。当你重新回到你的正常生活活动时，继续注意你的呼吸。感谢自己允许自己经历刚刚经历过的事情。

好母亲原型

这个练习的主要目标是学习感受痛苦或不舒服的感觉，同时也要带有同情地观察它们，你要对脆弱或年幼的自己感同身受。在“同情你内心的孩子”练习中，当你回顾往事时，你可能已经了解了为什么这件事让曾经的你如此不安或恐惧。如果你能感同身受，说明你已经能更好地自我支持了。你正在与自己建立一种更融洽、更具支持性的关系。你正在激活你内在的好母亲原型，即你心中保护者的原型。

每个人的内心都有好父母的模板。每个人都知道什么感觉好、有益、健康、有爱，什么感觉不好。的确，不幸的童年经历可能掩盖了你成为好父母的能力，但我向你保证，每个人的内心都有好父母模板，每个人都有成为好父母的潜力。有时候，我们首先需要激活自己去发现这个隐藏资源的意图。

抗拒是过程的一部分

在练习的过程中，你可能会注意到，有时，你在触碰到真实的感受之前，一切会戛然而止。例如，你可能会发现自己只是在不停分析事情发生的原因，而不是感觉发生了什么。这种对不舒服感觉的抗拒是过程的一部分。这可能是你小时候学会的保护自己的方法。你学会了中止体验感觉的过程。在这个练习中，你要尽可能地去感受，鼓励自己去感受和表达你受的伤害，要知道你正在以接受和同情的态度目睹这一切。不要急于求成，你可以小剂量地练习，不要试图一次就走到自己的内心深处。

你可以用相同或不同的触发事件反复练习，这样可以避免情绪上的不适，通过多次重复来忘掉已经形成的习惯。生活给了我们一次又一次的机会让我们重新审视我们的核心恐惧，直到我们以一种有意识的、自爱的方式感受我们的一切。

有些人会问，如果他们对被触发的自我持批评或轻蔑的态度，该怎么办？如果你不喜欢自己受伤的部分，该怎么办？如果你认为这部分是你不可爱的证据，该怎么办？如果你有这些问题，请注意你对这些问题的感觉。你如何看待你对自己失去耐心的事实？如果一个孩子因为害怕或痛苦而哭泣，而父母告诉孩子要成熟点或克服它，你会有什么感觉？你对自己来说也类似于这种不耐烦的父母吗？注意你对自己的感觉。如果你感到悲伤，这可能是一个好的开始。这可能是你开始对自己脆弱或被触发的部分采取更温和、更有同情心的态度了。

继续练习感觉和情绪

不要期望你能立即克服你的触发反应。有些触发反应可能永远都无法克服。但是如果你经常练习，你就可以不那么被动。所有的暂停和感受练习将帮助你减缓你的自动触发反应，让你有时间意识和洞察正在发生的事情。首先，你要接受这样一个事实：当你产生触发反应时，你的核心感受和需求将被隐藏起来，你将倾向于对恐惧做出反应，而不是有意识地采取行动。当你注意到自己的触发反应时，学会停下来，自我调节。在你暂停的时候，练习进行带有同情心的自我探究。这是为修复过程做的准备（见“缓和气氛”），或者如果没有修复迹象或不适合修复，这也是为恢复正常的自己做的准备。

练习不怕晚，即使你在触发事件发生后的几小时甚至几天后进行带有同情心的自我探究练习也很有必要。每一次练习过后，你就向治愈自己迈出了一步，长期压抑的感觉就会开始移动和代谢。曾经，你可能不得不屏蔽痛苦或恐惧的感觉，因为它们让你感觉不安或你没有足够的能力来应对,所以它们从未得到治愈。现在你的内心已经足够强大,可以解决这个问题了。你正在学习为你的核心需求创造一个安全的容器。现在,曾经那些被卡住的感觉和未被满足的需求有了移动的空间。随着时间的推移,当你学会与不舒服的感觉相处时,你将会感到更轻松。

当我们承认我们有时会被触发时,我们就不会费力隐藏自己的弱点,我们会变得不那么有戒心。如果我们知道自己没有那么完美,我们就不会害怕被发现,就不会害怕被人看轻。没有什么要隐藏的东西是自信和安全感的馈赠。我们可以和其他人一起做这些练习,稳固我们的爱情和友谊,一起治愈童年的创伤。

FROM TRIGGERED TO TRANQUIL

06

缓和气氛

重归于好

> 当你们了解了对方的敏感之处时，你们就可以理性看待对方的反应行为，而不是认为对方在针对你。

修复是触发原理五个步骤中的最后一步。这时，我们会回到对方身边或是群体中，要求重新来过，或者为自己的行为带来的影响道歉，真诚地表达我们的悲伤。这也是我们揭示核心恐惧和恐惧假想的地方，我们要消除这些触发反应的根源，向对方索要承诺，证实我们的恐惧假想不是真的。

请注意，如果我们是被自己或独自被触发的，比如我们在阅读时或看电影时被触发了，那么修复步骤就没有必要了。一旦我们完成了第四步带有同情心的自我探究练习，我们的工作就完成了。但是，大多数依恋触发都发生在与他人互动的过程中，所以我们的工作直到第五步完成才算结束。

修复一般适用于一方或双方陷入战斗、逃跑或冻结状态，并在这种状态下做出破坏安全感、连接感或信任感的行为后。修复也可以用于一个人的触发反应对另一个人来说不是很明显的时候，比如，当一个人被触发了，当时没有说出来，但后来想要坦白。有时单方面的补救是必要的，这实际上是一种忏悔，比如："你不知道，当你说你想不吃晚饭时，我被触发了。我害怕被拒绝的按钮被按下了。我害怕你不再喜欢我了……现在我想我需要确保我们没事。"

在修复之前，进行带有同情心的自我探究练习将对修复过程很有帮助。每次练习都是你在帮助自己大步迈向我所说的"成人关系中的正常痛苦"。当你学会接受和缓解你的痛苦时，你就不会责怪他人，因为当你受伤或难过时，你会与自己建立一种新的关系。随着接受度的增加，你将对触发反应更加熟悉："啊，我知道这种感觉。这是我最害怕的事情之一。我能忍受这种痛苦。我不应该责备任何人。"放弃责备是修复的关键，因为责备是被触发的一种反应。如果你仍然想责备他人或自己，那说明你还没有做好修复的准备，你应该重复带有同情心的自我探究练习。

作为修复过程的一部分，和伴侣分享你在自我探究中的发现是很有帮助的，你的伴侣可以借此更了解你的恐惧和敏感。当你们了解了对方的敏感之处时，你们就可以理性看待对方的反应行为，而不是认为对方在针对你。

修复步骤在某些类型的关系中是不合适的，因为修复实践通常需要双方的同意。例如，一些工作关系不适合用本书中提到的方式修复，但道歉或口头上提议从头再来仍然是有效的。在亲密的关系中，特别是当伴侣经常进入反应循环时，修复是至关重要的。对于父母来说，知道如何修复与孩子之间的裂痕也是至关重要的。当父母被孩子的行为触发，他们会生气、心烦意乱或有其他反应，孩子会感到很害怕，他们可能会觉得失去了父母的爱。因此，在这种触发事件之后，父母需要回到孩子身边，重新建立爱的联系（详见“我和我的孩子”）。

为什么修复？

在伴侣关系中，人们都认同吵架后需要和好。在其他类型的关系中，人们通常希望通过淡化矛盾，自然而然地“克服它”。我希望你通过本书学会修复技能，无论在什么关系中都可以尝试。通过这个技能，我们可以减少生活中未完成的事务，还可以避免爱情、友谊、合作关系不了了之。

大多数人的修复方法通常不起作用。他们的修复用了太多的语言、太多的解释，太想被听到。在一个冗长的修复过程之后，人们只会像修复前一样感到不安或被忽视。这不是修复，只是往事重提，不同之处仅在于言辞没有之前那么激烈了。无效修复的一个迹象是人们开始重复自己的话。如果发生这种情况，就意味着他们仍然处于被触发的状态或再次被触发了。

本书的修复方法既简单又简短，重点是用你的内心和对方的情感中心对话，和对方大脑中的生存警报系统对话，和对方感到不安或害怕的地方对话。看似合理的冗长解释只会导致对方大脑中的情感中心关闭，因为这种修复传递的信息是，他只想澄清自己，博得好名声，他不在乎我的感受。你要学会用更少的语言表达更真挚的情感。

本书的修复练习基于这样一个理念：任何人都不必因他人的敏感而受到责备。一旦我们接受了不该为他人的反应责备自己的观点，我们就不用为自己辩解。这样你就可以真正地感受自己的悲伤和真诚地关心他人的感受。在修复过程中，两个人都坦承自己的敏感根源，相互体谅。如果双方都能坦承自己的脆弱，责备和被责备的感觉就消失了。修复练习中还有一点需要注意，我们可以要求对方承诺，我们的担心是没有根据的，同时，你也要提供对方需要的承诺。这种交流可以恢复人与人之间的安全感，甚至可以帮助他们疗愈童年的创伤。

你真的准备好修复了吗？

我在心理咨询的过程中发现，夫妻关系中最大的问题是他们很难容忍对方对他们的不满意。许多人发现，在把事情全部说出来之前，他们很难停下来，进行自我安慰。所以当他们应该停下来的时候，他们还是一直在说（或做出反应）。本书的主要目标之一就是给人们提供工具,帮助他们忍受从被触发到修复之间的不舒服时期。这些工具会给你信心,让你相信,从被触发到修复的过程,以及从断开到重新连接的过程,是一个有规律的过程,你可以学会如何应对。虽然需要内在的努力和一定程度的自律,但大多数人可以学会使用这些工具。

当人们无法忍受分离所带来的焦虑时,他们通常会在真正准备好之前就开始修复。一个迹象是,他们会敷衍地暂停一下,但他们不会真正花时间让自己感到平静和安全。他们可能会试图安慰受伤的自己,但他们的思想总是在别处。没有准备好的一个迹象是,在你暂停的时候,你的脑海中仍然满溢着对对方的不满。这个时候的修复毫无帮助,但对一些人来说,这是一个很难改掉的习惯。

另一个表明某人急于修补关系的迹象是,他们不能对伴侣表现出慷慨和友好。他们可能仍然对对方的行为抱有不切实际的期望,没有意识到对方被触发了——现在的他不是最好的他,他的行为或语言并不能反映出他的真实感受。

此外,一些人会在脑海中回放恐惧假想(或责备假想)。他们甚至认为让伴侣认同他们的假想是修复关系的一部分,他们会说:"承认吧,你最近在和那个女人调情。"如果你已经确定这种怀疑是你的触发信号的一部分,你要养成习惯,在采取行动之前质疑你的怀疑。

如果你在双方都没有准备好的时候就开始修复,那也不是世界末日。你们要知道,当你们看到自己在原地打转时,你们可以再次要求暂停，花更多的时间自我平静和自我安慰。此外，有时人们在试图修复的时候会再次被触发，即使他们一开始很平静，他们也可能会被再次触发。如果有人在修复过程中再次被触发，就要求再次暂停，让自己冷静下来，等一会儿再尝试。

◇ 当你准备好修复时…… ◇

当你注意到以下迹象时，你就可以开始修复了。在你的暂停期间，你做了一些呼吸和身体意识练习，获得了平静，重拾了安全感。你意识到你以前有过这种感觉，而且你可能还会再有这种感觉。你意识到你的应激假想是你的触发信号的一部分。如果你在爱情、友情或亲情关系中被触发，你会意识到你们俩以前也经历过类似的事情，但最终，你们挺过来了。

在自我探究的过程中，你要学着感受自己当前的情绪，与这些情绪共处，弄清楚它们是否与之前的痛苦记忆有关。如果是这样，你要将过去未被满足的需求或童年的创伤记录下来。无论你发现了什么，你都要花时间对年幼的自己、受伤的自己或敏感的自己保持同理心和同情心。你要给自己足够的关怀和安全感。现在你已经准备好填写你的修复声明，开始进行修复了。如果你完成了这些步骤，能够对自己的触发反应负责任，能够接受自己，包容自己的缺点，你的修复过程会更加顺利。

温和版共同触发和极端版共同触发

不同的情况需要不同类型和程度的修复,具体取决于两个人被触发的程度以及反应时间的长短。也存在只有一个人被触发的情况。这个人的触发反应对另一个人来说并不明显,但是这个人破裂的安全感和信任感影响了这段关系。

首先我要讲的是共同触发,即两个人都被触发的情况。如果双方的情感联系十分紧密,一方被触发时,另一方也会感到不安,也会产生触发反应。

一些严重的共同触发行为会威胁两人的关系,甚至会给一方再次造成创伤。有些共同触发行为的威胁性较小,也更容易修复。我用术语"极端版共同触发"和"温和版共同触发"来指代不同的触发反应行为,区分严重的和不太严重的触发行为。

"极端版共同触发"是指当两个人同时被触发时,至少有一个人的行为包括以下一个或多个因素:具有攻击性的行为,包括大喊大叫、咒骂、身体暴力、击打东西、发脾气或威胁要结束这段关系;极具侮辱性的行为,比如给对方贴上"懦夫""自恋"的标签;或者是极度冷淡的行为,比如假装没听见对方说话,假装对方不存在;等等。

"温和版共同触发"是指两个人都出现了触发反应,但他们都以更温和的方式表达不安。他们可能表现出愤怒、失望、沮丧、心生戒备或不信任。他们可能会责备对方或批评对方,但他们不会出现过激的行为，如不停地责备对方、贬低对方，或大声说话。以下是一些最常见的“温和版共同触发”的行为：刨根问底，多疑，心生戒备，抱有不切实际的期望，持有批评或指责的想法，反复解释，坚持自己是对的，坚持让对方证实你的假想，争论，重复自己，停滞不前。

一个事件是极端版还是温和版将决定这个事件需要修复多少次。大多数共同触发情况只需要修复一次。但极端版共同触发的情况，即一方或双方采用极端的攻击方式和贬低或轻蔑的语言，这种情况可能需要很多次不同方面的修复。

对一些人来说，任何让他们感觉不被认可的事情都可能对他们造成深深的伤害，他们也就很难恢复。有些人更有安全感和自信，他们会更容易恢复。极端版和温和版是相对的。如果敏感的人遇到了极端版的共同触发，可能需要很多次修复才能恢复。

说谎是一个特例，我不认为说谎是简单的情况，虽然在说谎这个情况中没有出现攻击或贬低的行为。如果一方或双方说谎，也是极端版共同触发，因为这种情况需要大量的道歉、修补和改正。

共同触发后的修复声明

暂停和修复之间的时间可能很短，可能不长不短，可能很长。在进行了带有同情心的自我探究后，尽快坐下来，拿着一份修复声明，填写如下所示的空白部分（见“修复声明”）。在你结束内心探究之后立刻做这件事,可以让你在准备修复的过程中拥有温柔和宽容的心境。

填写修复声明就像写日记一样。你和自己的感觉共处,反思发生了什么,回想你的感受和想法,你是如何反应的,这种反应来自哪里,你现在需要怎样恢复安全感和与他人重归于好。修复的时候,你会更加接受这样一个事实:人人都会被触发,你也会被触发。通过练习,你会发现你可以更容易地承认你的恐惧和不安了,也更容易识别自己感到不安的时候,而不是以触发反应的方式将恐惧表现出来。你逐渐学会立即发现并显露恐惧,然后寻求帮助或承诺,而不是一遍又一遍陷入痛苦的反应,然后修复。在修复期间,双方需要填写以下声明。然后你们在约定的时间见面,询问对方:“现在是我们修复关系的好时机还是我们需要更多的时间?”当你们都认为自己很冷静,做好了自我安慰,准备好开始修复的时候,请大声轮流读出自己的声明,慢慢读,偶尔停下来看着对方的眼睛。在一方发表完修复声明后,另一方应该根据对方的核心需求安慰对方,给出让对方安心的承诺。有关此回应的模板,请参阅“让人安心的反应”。

◇ 修复声明 ◇

下面是修复声明的模板,请记住,每次修复时,都要留出时间填写这个模板。根据括号中的说明，在空白处填写发生了什么，你的理解是什么，以及你的感受。

我现在意识到，当我________（在空白处填写你的反应行为，比如，说出“就这样吧”或“你在操纵我”，暴躁抵触，夺门而出，生气）的时候，我被触发了。

这可能是我对________（在空白处填写你的核心恐惧，比如，不被关注、不受重视、被指责、被批评、被抛弃、感觉自己不够好）的恐惧。

当我听到/看到你________（插入对方的话或行为，例如，听到你说“别再操纵我了”，听到你提高了嗓门，看到你停下来看向别处），我心想________（插入你的应激假想，例如，我的需求不重要、我不够好、我被拒绝了、我没有被接受）。

以下为可选内容。

这种感觉类似于________（插入童年记忆，比如，我爸爸会承诺一些事情，但没有兑现，或者在餐桌上没人听我说话）。

对不起，我________（插入你的应激行为，上面提到的那个）。

我能够理解我的行为会________（插入对方的反应，例如，触发、伤害或吓到你）。

以下为可选内容。

我还想说________（添加进一步的道歉或解释，如，我不应该那样对你，我不是那个意思，或我真的不是那么想的）。

如果能再来一次，我会告诉你，我担心 ________（插入你的核心恐惧，和上面提到的一样）被触发了，我需要你让我觉得我 ________（插入你的核心需求，如是被接受的、足够好、被你爱着、我的需求重要、我的意见很重要、不会被责备）。

接下来，我会用一个例子来说明修复声明具体是什么样的，以下是迪拉杰和丹尼斯夫妇在修复关系的时候，写下并和对方分享的两份修复声明。首先，先看一下丹尼斯的修复声明。

迪拉杰，我想聊一聊刚才发生的事。我现在意识到，当我说“为什么我要自找麻烦”的时候，我被触发了。这可能是我对不受重视的恐惧。当我听到你说你要到十点钟才回家时，我心想：“他的工作比我们的婚姻更重要。我对他不再重要了。”这种感觉类似于，我父亲离家出走后再也没回来时，我内心的感觉。对不起，我说了那句话然后就离开了。我知道我的行为会伤害到你。如果能再来一次，我会告诉你：“我被触发了。这源自我过去的恐惧——害怕自己不重要。”我需要你让我觉得我对你很重要。

以下是迪拉杰的修复声明。

丹尼斯，我想聊一聊我刚才说的话，我现在意识到，当

我说“这有什么问题吗”的时候，我被触发了。这可能是我对自己不够成熟的恐惧。当我听到你说你为什么要自找麻烦时，我心想：“她在批评我。我又做错事了。也许我有缺陷，或者我有什么问题。”这种感觉类似于我母亲常年生病，她说是我制造了太多的噪声，让她病得更重。对不起，我说了那句话。我知道我的行为会伤害到你。如果能再来一次，我会告诉你：“我被触发了。这源自我过去的恐惧——害怕自己不够好，或者觉得自己有缺陷。”我需要你让我觉得我足够好。

在这两份修复声明中，我们看到了以下重要元素。

---

1. 迪拉杰和丹尼斯都承认他们被触发了，并命名了他们的反应行为；

2. 他们揭示了内心的恐惧；

3. 他们透露了一些童年时期产生的不安全感；

4. 他们向对方道了歉；

5. 他们修改了原来说的话，使用了一种更负责任的说话方式；

6. 他们用非控制性的语言寻求安慰或帮助。

在最后一项中，非控制性语言指的是提出请求（或表达需要），而不是命令对方做事。我不推荐控制性语言，比如："你必须把我放在更重要的位置上。"我推荐非控制性语言，比如："我需要你的帮助，让我感觉自己是最重要的""我需要你让我感觉自己是最重要的"。

◇ 让人安心的反应 ◇

在一个人认真倾听了他的伴侣的修复声明后，这个人应该给出一个让人安心的反应。这是一种简单的表达理解和爱的方式，最好辅以温柔的触摸、眼神交流和抚慰的声音。下面是一些例子。

我真的爱你，非常爱。我就爱你这个样子。

我真的很在乎你。

我接受你本来的样子。

你很好，非常好。

我永远不会抛弃你。我是打算和你共度一生的。

我想让你知道，我很珍惜和你在一起的时间。

你的需求对我来说非常重要。

我想知道你的需求和感受。

我想给你安全感，我想让你知道我永远不会怪你。

从本质上说，每份修复声明都应该以表达需求（感觉被爱、被接受等）作为结尾。在理想情况下，让人安心的反应应该是能直接满足需求的回应。如果你觉得自己不够宽容，不够友好，暂时做不到，那就说出几个你欣赏对方的地方，比如："我很感激你让我知道你的感受。"如果实在不知道说什么，你可以给对方一个拥抱。

有时适当的开场白也会有帮助，比如："我现在了解了你的需求，我想满足你的需求。我想给你我昨晚没能给你的。我确实想知道你的需求。"也就是说，要注意避免具有挑战性、贬低性或防御性的开场白，比如："当然（你的需求很重要）……""你现在应该知道……""我告诉过你多少次……"或"别傻了"。这些话通常只会起到相反的效果。

◇ 修复"坏时机" ◇

最后，正如我在"停下来，自我调节"中所指出的，一开始人们往往不能及时停下来。如果发生这种情况，我建议你把这种情况在修复期间一并处理。在两个人分享了修复声明并给出了让人安心的反应后，我建议其中一方或两方承认要是早点暂停就好了，然后明确地指出他们希望暂停的时间点。这样，除了修复你的触发反应，你也修复了你的"坏时机"，你们暂停得太晚了，或者你无视了对方提议的暂停。

下面是一个"坏时机"修复声明的例子。

我现在意识到，当我________（插入你的触发反应行为，例如，我提高了我的声音、我开始感到生气，等等）时，我应该说"暂停"的。

如果能重来一次，我会________（插入正确的行为，比如，在那个时候说"暂停"，或者当你说"暂停"时停止说话）。

抱歉我没早点说"暂停"。

单方面的修复：只有一个人被触发的情况

在一段关系中，会出现这样的情况：一个人被触发了，产生了应激行为、恐惧假想和应激假想，而另一个人却完全不知道发生了什么。事实上，被触发的人甚至可能在几小时后才意识到自己被触发了。在这种情况发生时，我建议被触发的人做一个单方面的修复，承认自己被触发了，并为自己的行为道歉。许多人都想跳过这一步。毕竟，如果对方不知道，也没有被触发，为什么需要修复呢？然而，如果两个人都很重视这段关系，展现脆弱的自我有助于增强信任、亲密度和自我同情。

此外，如果被触发的人不坦承自己的感受，我们可能不会真正放下关于伴侣的应激假想。记住，不安是触发反应的源头。根据我的经验，当触发反应的根源没有被清除时，往往会发生这种情况：应激假想驻留在我们的记忆中，就像磁铁一样吸附着其他类似的事件。如果不加以解决，这些问题就会不停地积累增长。如果我们开始相信关于伴侣的恐惧假想，我们甚至可能做出不当的行为，以适应我们扭曲的观点。然后，有一天，当我们与对方发生更大的分歧时，我们都被触发了，所有储存起来的恐惧假想可能会倾泻而出。这就是单方面修复也很重要的原因，因为它可以帮助人们避免负面假想的累积。

以下是已婚夫妇莫莉和巴瑞的示范案例。莫莉希望巴瑞能多陪陪她。有一天，巴瑞说他要参加一个与工作相关的研讨会。莫莉感到受伤和失望。她脑海里的恐惧假想是：“他想找借口离开我。”她童年时对被遗弃的恐惧被触发了。她记得有一次，她的父母带她的其他兄弟姐妹去度假时，只把她留在了家里，由保姆照看。莫莉当时什么也没说，但一小时后，她走近巴瑞说：“你总是这么忙。也许你需要上一门时间管理课。”巴瑞咕哝了一声，听起来像是同意了，然后就没再说什么。然后，第二天，莫莉注意到一种模糊的不舒服的感觉和反复出现的恐惧的想法，她害怕她和巴瑞不能够维持长期的亲密关系。莫莉知道了“离开假想”是她触发信号的一部分，她现在意识到她在前一天被触发但她试图隐藏自己被触发的事实，她当时试图用时间管理课程掩盖自己的情绪。下面是她消除隔阂、修复关系的方法。

首先，她自己填写了一份单方面修复声明（见下文）。然后她对巴瑞说她想谈谈,她说:“我想聊聊昨天发生的事情。现在方便吗?”如果他同意,她就宣读声明。

◇ 修复声明 ◇

当我听到(或看到)你________(插入话语或动作,例如,听到你说“我这周末要去参加研讨会”),我被触发了。

这可能是我以前对________(插入你的核心恐惧,例如,被遗弃)的恐惧。

你没有意识到发生了什么,但我想坦白,这样我就能放下这件事,感觉和你更亲近(或更信任、更亲密,等等)。

以下为可选内容。

我心想________(插入你的应激假想,例如,“我不被需要。他不喜欢和我在一起”)。

以下为可选内容。

这种感觉类似于________(插入童年记忆,例如,我父母和兄弟姐妹去度假,把我留在了家里)。

对不起,我________(插入应激行为,例如,没有告诉你,对你假笑,还说了一些关于参加时间管理课程的控制性言论)。

以下为可选内容。

那是我的控制模式(或者我是无意识的,或者直到后来我才意识到我的真实感受）。

如果能重来一次，我会告诉你，我对________（插入你的核心恐惧，上面提到的那个）的恐惧被触发了。

我需要你让我觉得 ________（插入你的核心需求，例如，我是被需要的、我是被爱的）。

遵循修复声明

当人们第一次学习修复时，他们会发现很难完全按照修复声明说。他们可能会觉得修复声明的措辞不自然或不真诚，然后开始即兴发挥。我强烈建议你把修复声明写出来，并完全按所写的那样表达。如果不这样做，你很有可能会使用过多的词，或者又开始无意识地交流，比如反复解释。

然而，即使你遵循修复声明，你们中的一个可能还是会在修复过程中被再次触发。如果发生了这种情况，你需要停下来，再次自我平静和自我安慰。在修复或安抚过程中再次被触发并不罕见，尤其是当人们第一次进行修复练习时。这些话可能听起来生硬或过于照本宣科，因此显得不真诚，人们可能不愿如此谨慎地说话。这些练习就是故意设计得“不自然”，因为“自然”的交流习惯往往是触发他人的因素。不要过分苛责你和你的伴侣，要认识到学习的过程是一条曲线。违背自己的天性并非易事。尽量不要气馁。对自己温柔一点。

FROM
TRIGGERED
TO
TRANQUIL

第二部分
在关系中实践

FROM TRIGGERED
TO TRANQUIL

07

我和我的亲密伴侣

> 共同触发对许多伴侣来说是一个严峻的挑战。你的伴侣最需要你的时候,恰是你最冷漠的时候。

触发因素,或由触发导致的应激反应和恐惧假想,是大多数夫妻在相互信任和相互尊重方面遇到的最大障碍。

但是,当你知道如何处理并快速修复触发反应时,这恰是加深彼此信任和彼此尊重的最好途径。因此,疾病变成了良方。本书第一部分概述了如何处理触发情况。本章讲述了一些特别适合伴侣的方法。

关系是一种实践

亲密关系中极易发生触发事件。因此,这也是治愈童年伤害、创伤以及超越童年境况的最佳机会。我建议把亲密关系视为一种实践。这意味着,像练瑜伽或做冥想一样,你可能会感到不适。你知道需要努力和自律。与其感到沮丧或震惊,不如迎接意想不到的挑战,因为这些挑战能让你更加了解自己。同样,像练瑜伽和做冥想一样，经验丰富的老师会告诉你努力的方向，帮助你取得最好的结果。本章将告诉你如何最大限度地提高你的学习效率，通过不断努力，让你的亲密关系感觉像是一个安全的港湾，而不是一项项琐碎乏味的家务。

在任何学习过程中都会有失败和挫折，也都会有成功和回报。努力不一定总会得到回报，所以你应该扪心自问：你是否愿意和你的伴侣走上这段相互探索自我的旅程，即便不知道是否会成功，或者最终会走向何方？你是否愿意告诉对方你的恐惧和不安全感、你的弱点和缺点、你最深层的欲望、你自私的欲求以及你的秘密？这段旅程并不适合所有人。你也许还不确定它是否适合你。但当你沿着这条路前进时，答案会日渐清晰。你可以随时放弃。但即使把亲密关系作为实践不是你要走的路，培养良好的沟通技巧也大有裨益。

亲密关系学校的主要课程将使你学会与你的触发因素合作。在亲密关系中，双方都有责任帮助彼此建立一个安全、信任、疗愈、诚实、公平和尊重差异的氛围。

共同触发：我们彼此相连

夫妇在生物学上被称为“两人群体”。在动物界，群体成员间相互依存。因此，当群体中的任何一个成员可能面临危险时，他们都会本能地做出反应。在一个群体中，每个成员的最佳利益取决于整个群体是否健康和安全。例如，在一群瞪羚中，如果一只瞪羚在感觉到危险后触发性逃跑（在“战斗－逃跑－冻结”的应激反应中选择逃跑），整个瞪羚群也会被触发，开始朝同一方向逃跑。同样，在两人群体中，如果一方被触发，这也会降低另一方的安全感。虽然两人可能都没有意识到这种微妙的相互干扰，但这仍然影响着他们。一个人的反应会影响他的伴侣。

所以请记住：当你的伴侣被触发时，你很可能也会被触发，即使你并没有做出明显的反应。不要期望你能轻易让情绪激动的伴侣感到安全，因为你自己也可能同样会感到不安全。反之亦是如此。如果你被触发，也不要期望你的伴侣在你生气或不安的时候总能让你感到安全，或者以你想要的方式倾听你。能做到不评判愤怒的伴侣，并能关爱对方的人少之又少。双方的期望都要切合实际，而且双方都得明白，在大多数情况下，如果一个人被触发，另一个人也会一同被触发。每个人的生存警报都会被拉响，神经系统会主动进入战斗、逃跑或冻结模式，人们的选择会受到限制。很多时候，“彼此相连”是一件好事，这加强了一种连接感。但当伴侣被触发时，也意味着他们无法很好地相互帮助。

对许多夫妇来说，共同触发的情况让彼此都陷入了严峻的进退两难之地。你的伴侣最需要你的时候，恰是你最冷漠的时候。这会让你的伴侣唤起童年忧伤的记忆，感觉自己仿佛一直都是孤独的。但如果你们都了解这种共同触发的情况，你们对彼此的期望就会更切合实际。你会觉得这很正常。这可以帮你认识到，你们都需要停一停，尽快在这种情况下注入更多正念。因此，你需要勤做暂停—冷静—修复的练习。这些练习可以帮助你慢下来，这样你就能更好地专注，更多地看到事情的全貌，找到冲突的真相。当你擅长做这些练习时，你会更容易及时地辨别出敏感领域或危险领域。

练习：交流彼此的触发因素

了解自己和伴侣的触发因素至关重要。这能帮助你从容地应对触发反应，因为你接受(甚至期待)即将发生的触发情况。下面这个练习可以帮助你们更轻松地交流彼此的触发因素。这个练习需要你和你的伴侣一起做，并排坐或面对面坐都可以。留出约一小时不受打扰的时间。

首先，你们两人都关注自己当下是否感到放松和安全。如果你们当中有一个人没有感到完全的放松和安全，你们都要闭上眼睛静坐，专注在身体感觉和呼吸上。这样持续做几分钟，每一次呼气时，都感觉自己更加放松和轻松。

当你这样做的时候，注意脑海中是否出现了想法、情绪或记忆。一旦有其中一种出现，尝试放慢呼吸。吸气时，想象自己正在变得更大或有更广阔的空间容纳这些内在的干扰。看你是否能允许这种干扰存在，同时带着更大的觉知拥抱它。带着这种开放和包容的态度，看你是否能把这种干扰看作自己内在需要被爱的一部分。注意这种受伤或不安的部分引发的感觉和情绪，接纳它们。带着爱敞开拥抱这些感情。继续深呼吸，这能帮助你关注任何新增的兴奋或焦虑的感觉。就这样陪自己一两分钟。你可能会突然想要给自己一个温暖的拥抱，或者把一只手或两只手放在自己身体的某个部位，让自己感到安心或安慰。试着这样做，看是否有效。

只有你们都感到安全和放松时才能继续练习。如果不行，就换个时间再试一次。

◇ 回忆触发事件 ◇

当你们都准备好开始谈话时，回想一个最近发生的但不太激烈的触发事件。选一个你们双方都记得的事件。每个人都在脑海中默默地回想这件事，然后分别在横线上填写，完成这张记录表。

当________（填入你真正听到、看到或想到的）时，我被触发了。

当那件事发生时，我感到________（填入你的应激性感受，例如愤怒、恐惧、困惑）。

当那件事发生时，我的身体感觉________（填入你的应激性身体感觉，例如，腹部发紧，脸部发热）。

当那件事发生时，我头脑编造的恐惧假想是________（填入你的应激假想或想法，例如“我不重要”“我被拒绝了”）。

我的反应是________（写出你的应激行为，例如争吵、解释、离开、出现评判的想法）。

填写完记录表后，你和伴侣互相读给对方听，然后讨论每个人典型的触发因素。这需要开诚布公地倾听，避免再次触发对方（见下一章节）。请注意，练习的目的是让双方更容易注意并描述出伴侣的各种触发信号，而不是为了解决这件事而回顾过去。

当你说话的时候，注意你是否能按照写好的内容读出你的回答。你是否发现自己添加了解释、辩解、指责、道歉或其他的额外信息？如果你添加了额外的信息，请对此保持觉知，并自我反思。你这样做的目的是什么？你是否有在交流时添加更多非必要信息的习惯？你是在尝试让自己看起来很好、很多智、是正确的、保护自己、处理不确定性、感觉没有失控吗？或者，你添加评论是因为在这件事中，你从未感到被倾听或理解，但你现在想要被倾听？如果是这样，这表明你仍然处于被这件事触发的状态，可能无法客观地看待所发生的事。当任何一个人意识到这种情况在发生，都应该暂停讨论，然后做自我冷静的练习。带着关照与自己的情绪和感受同在，直到你感到平静和放松。然后回到讨论中，从中断的地方继续刚才的谈话。或者，如果有必要，留出一段时间，你需要先承认自己的需求很重要，或确保自己的需求已经被听到，然后再重新回到讨论中继续修复。

◇敞开倾听，拒绝评判，避免被再次触发◇

当你和伴侣相互倾听时，要注意理解对方描述的触发反应，将其熟记于心。你们的目标是都能了解和快速识别彼此的触发反应。要做好这一点，你们双方都需要感到安全，相信对方这样做是在以负责的态度避免再次被触发。把伴侣说的话看作一种努力，是为更好地了解和接纳触发事件，而不是对你的控诉。

如果你注意到自己对听到的话有评判或抗拒的感觉，记录下来。也许你的伴侣对这种触发反应有盲点。也许在这起事件中，你的伴侣失控了，或者说了一些伤人的话，现在却忘了提这件事。如果你的伴侣记忆中的触发反应和你记忆中的触发反应方式大相径庭，问问你的伴侣，你是否可以描述你的记忆，然后是否可以修改你伴侣记录表中填写的内容。但不要轻易这样做，甚至也不要开启这个话题，除非你是放松的，而且对你的伴侣态度友好，完全可以以友好的态度表达自己的不同意见。夫妻间需要这样练习，这可以很好地帮助双方学习以友好的态度讨论不同观点。

导致态度不友好的原因是对正确的需求，或总是需要验证自己的观点。有些人会被任何差异或分歧触发。如果你们中的任何一个人对“观点不被认同”特别敏感，那么你需要在任何有关彼此差异的讨论中保持大量正念。请注意，如果你或你的伴侣对这方面敏感，那么你们都可能会被频繁地触发或共同触发。这种敏感性伴随着不安全感而生。因此，在练习中最好时常准备好暂停、自我冷静和自我安慰。如果你们当中任何一人被再次触发，不要强行继续练习。你不能无视触发反应。习惯沉默地停顿一会儿，让你的神经系统冷静下来，然后重新开始。

◇ 复盘练习，拓展实践 ◇

一旦你们都觉得完成了关于触发因素的讨论，花点时间和你的伴侣反思一下这次讨论本身。回想一下，识别自己的触发因素是否更容易，而识别对方的触发信号却没那么容易？你们是否在双方身上发现了微妙的触发迹象，而你们当时都没有意识到？一定要一起看到确定谁先被触发的难度。讨论所有能支持这一理论的证据，即当一个人被触发时，这会影响另一个人的平静和安全感。

当共同触发情况发生时，伴侣们都会感到孤独，难以处理他们的不安情绪。但如果我们了解这种情况，积极合作，通过学习识别彼此的触发因素，共同努力捕捉彼此的触发信号，及时中止触发情况，这样我们就不会感到如此孤独。一起做这个练习可以帮助你们感觉是一个群体，你们的共同目标是捕捉并中止反应，从而让你们两个人都感到平静和安全，然后再尝试修复。

继续重复做这个练习，直到你们都能熟练处理触发情况。过段时间，你们会足够熟悉对方的触发因素，这样你们就可以在事情升级之前先停下来。这是你们的目标。我们不能阻止反应，但我们可以提高处理反应的能力，尤其是在当双方都完全投入自己的内在工作中时。做内在工作意味着一遍又一遍地做这些练习。内在工作促使你们发现自己丢失或被拒绝的部分，带着同情接纳这些部分，并将这些丢失的部分整合到你的整体当中。一旦被整合，这些曾丢失的部分会与你建立新的关系，使你在多方受益。你在与自己建立一种更亲密、更有爱、更信任的关系。目的是包含所有，而不丢弃任何东西。如果想要不被触发，那这种想法会阻碍你的内在工作。而当你变得更加完整时，你会逐渐感觉到触发反应在减少，你能够更加从容地面对伤害和失望。

反应循环

如果你研究了你的触发事件一段时间，你可能会注意到一个模式或循环。例如：一个人质疑越多，另一个人就越躲躲闪闪。而另一个人越是躲闪，第一个人的质疑就越多；一个人越是批评，另一个人就越抵抗，反之亦然。当伴侣被共同触发，他们看起来像陷入了恶性循环。他们不清楚是怎么被触发的，也不清楚是谁先被触发的。这次争吵看似和上次、上上次一样。虽然事件的主题不同，但争吵如出一辙。在某种程度上，这是由于同一种核心恐惧被触发，相同的核心需求想要得到满足。这种相似的循环被称为“反应循环”。反应循环就像是这对夫妇的触发因素。了解这种触发因素，能帮助你在它被触发时及时发现。

这就是上面的触发信号练习揭示的。当弗朗西斯卡和艾米做此项练习时，弗朗西斯卡注意到，当艾米关注别人远超过关注自己时，她会被触发。紧接着，她的反应是批评艾米不会处理关系或没有兑现承诺。在填写记录表时，艾米写出他的应激行为是试图和弗朗西斯卡讲道理——告诉她她误解了情况，他向弗朗西斯卡解释说，其他人只是他的朋友。

在他们针对几个不同的触发事件写了几次触发记录表后，他们逐渐看出了自己的反应循环。每当弗朗西斯卡抱怨或批评时，艾米就会开始解释或自我开脱。艾米解释得越多，弗朗西斯卡就批评得越厉害。然后，弗朗西斯卡越批评，艾米就越坚持己见，证明是弗朗西斯卡误解了情况。一对伴侣要过多久才能意识到他们在用不同的词一遍又一遍地说着同样的话？伴侣们可能会卡在这种循环交流中很多年。但是当你学着发现反应循环，同时也知道如何发现你的触发因素，那么你就有更多办法来处理问题。

这些练习能增强你的注意力肌肉，提高你保持正念的能力。随着注意力增加，自动化反应就会减少。你最好早点学会停一停。在一起完成几次触发事件记录表之后，伴侣们可能会看到他们的应激行为是如何相互作用，并导致了这种共同的触发循环的，这种循环并非不可预料。随着他们处理触发反应的能力不断提高，他们慢慢就不再需要花那么长时间停下来和中止反应了。

伴侣们需要识别和命名他们反应循环的另一个益处是，这强化了他们对此负责的想法。你们共处于这个循环中，没有人应该被指责，双方都能够随时中止这个循环。你会发现问题出在你们共同的反应循环上，而不是你的伴侣身上。你们共同制造了这个问题，因为你们都无法处理自己的触发情况。理解这种共同触发的现象有助于你对自己和伴侣更加宽容。反应循环会发生是因为我们“彼此相连”。

夫妻们摆脱这种循环的唯一方法就是培养彼此停一停的能力。一个人停止循环绝非易事。但当双方都负起停下来的责任时，机会就出现了。

创建暂停协议

夫妻间需要创建一个正式的暂停协议。学会停一停是触发原理中仅次于允许引爆（即认识到每个人都会被触发的事实）的重要技能。

大多数夫妇都认为停一停是个好主意。但停下并非意味着万事太平了。最常见的阻碍停下来的情况是，伴侣们在触发反应持续了一段时间后才意识到自己被触发了。到那时，触发反应就像一列失控的列车，已经很难停下。另一种常见的阻碍停下来的情况是不想停止谈话。伴侣们可能会认为，即使知道被触发了，他们仍然足以克制自己的反应解决问题。通常而言，这是错误的。有了足够的练习，你才会提高停下的能力并愿意停下来。这一切都要从写一个清晰又实际的协议开始。不要期望一蹴而就的成功，即使经历了几次失败，也不要放弃继续练习。学习过程是条曲线，有波谷的失败也会有波峰的成功。

暂停协议包括哪些内容？很简单，包括四个步骤。

---

1. 共同选择一个单词或短语作为暂停信号，例如“停一停”“咳”“中场休息”或“啊哦”等。

2. 双方达成一致，无论任何一个人说了这个词，你们都会立即停止说话或停下你们正在做的事情，没有例外。然后，你们两人都安静地坐下，带着觉知，做大约十分钟缓慢的鼻式呼吸。然后再决定是做短暂的暂停、中等长度的暂停还是长时间暂停。

3. 在暂停期间，双方都要花时间向内看。这涉及部分自我平静练习（见“停下来，自我调节”），然后是带有同情心的自我探究练习（见“关注自己的感觉和情绪”），之后写一份修复声明（见“缓和气氛”）。伴侣双方可以花时间独处，也可以静静地待在同一个房间里。但大多数人觉得最好是独处。

4. 最后，在约定的时间过后，说“停一停”的人去找另一个人，然后两人一起判断是否双方都已经感到平静，是否有足够的办法开始修复。如果不是，就还需要多长时间才能开始修复达成共识，并同意在修复之后再复盘。

在某些情况下，人们会很快停下来——在神经系统被太多触发反应控制之前——而且他们会发现让两人都重新感到安全并不需要花费太多时间。坐在彼此旁边或相隔不远，做五分钟有意识的呼吸足矣。他们甚至不需要写修复声明。当他们冷静下来之后，一个人可以简单地说："我当时差点被触发了。现在我又感到安全了。你呢？"然后，在主动拥抱彼此或说一些口头保证之后，他们可以继续。

如果你认为这符合你们的情况——同意快速停下来，然后检查一下，看看你们是否都感到安全和彼此连接——那就可以开始修复了。你们停下来给了两人一个机会，承认自己被触发了，让你们能很快平静下来，并且主动重新连接彼此。

如果一个伴侣没有受到太多的刺激，另一个有利的做法——可以减少对神经系统的刺激，缩短有效自我调节所需的时间——就是让这个人说一些类似"我知道我们会渡过难关"的话。有时候，像这样简单的正向肯定可以起到镇静的作用。你也可以在开始停下来的时候对自己这样说，"我们会挺过去的"。被触发的神经系统通常无法看到全局，不清楚这对伴侣有多少次失去连接、修复关系然后重归于好。但这句简单的话可以帮助夫妻们记得，他们已经经历了很多，但仍然在一起。

要想在各种情况中都能及时停下来，伴侣双方都需要对整个触发原理有一定了解，熟悉第一部分中描述的几个步骤。这包括以下几点：你们都接受触发会发生；你们能够识别自己和伴侣的触发信号以及你们的反应循环；你们能注意到自己的应激假想、核心恐惧和核心需求；你已经熟练完成了几个自我平静的练习；你已经学会练习做带有同情心的自我探究；你知道如何填写和使用修复声明；而且你知道如何安慰伴侣，消除对方的核心恐惧，满足其核心需求。熟悉整个流程会增强你对暂停练习的信心——你知道停下来后你可以做一些有建设性的事情来恢复和对方的连接并感到安全。

此外，双方都要明白，停下来从来都不是为了避免讨论事情的。你们达成一致，会在约定的时间和对方联系，看双方是否已经准备好修复。在成功完成一次修复后，你就可以决定什么时候回到未完成的讨论中，并从触发处谈起。当你被触发或还在修复阶段的时候，千万不要试图解决手头的问题（不管是钱、性还是孩子）。伴侣们都需要先感到平静、安全并坦诚相待，然后再共同解决问题。为此，你需要运转高级大脑神经中枢。记住，刺激会阻碍大脑高级神经中枢的运作，使你难以进行合作，也难以带着同理心倾听。没有头脑，就没有收获。

◇暂停期间◇

在刚开始停下来时，即使你可能已经和伴侣做了十次深呼吸，你也可能需要继续深呼吸或做身体意识练习，让你被激活的神经系统完全冷静下来。你可能会注意到头脑不是在关注发生了什么、对你造成了什么影响、什么是该说或不该说的、什么是该做或不该做的，就是在专注于解释你为何感到不安、愤怒或失望。停下后的目标是发现最佳办法并通过练习来摆脱或跳出这样的沉思。通过一些练习，你可以学会有意识地将注意力集中在呼吸的感觉上，或坐在椅子上的感觉上。让你的头脑摆脱对正确、被验证或被赞同的需求，这可能需要一段时间。即使头脑活跃，你仍然可以通过有意识的呼吸快速平静下来。试着数呼吸，默默地对自己说些像“吸气，二、三、四，屏息；呼气，二、三、四、五、六，屏息”之类的话屏息。思想可能会停留在数呼吸的次数上，但你会发现身体在变得更加平静和放松。

你在停下来后，一边持续做呼吸练习，一边观察头脑的喋喋不休是很有用的。注意，头脑会像这样思考：这是在浪费时间。这并不能让我们尽快解决问题。为什么他就不记得给水管工打电话？我再也不能这样下去了。观察像这样的想法益处良多。你越练习关注自己的想法，但不去认同这些想法，你就越容易在暂停期间，在内在为自己保留一个富有同情心的空间。

当你练习观察自己的想法时，你可能会注意到各种各样的思考习惯，比如判断、比较、责备、努力做到正确，或者预测伴侣的动机。这些习惯使你与内心深处的感受和需求脱节。只有这些更深层的、更脆弱的感情、恐惧和需求得到关照，疗愈才会发生。

观察呼吸，注意身体的感觉，让注意力集中在当下简单的现实情况中——你坐在这间屋子里的这张椅子上。这会创造一种内在的空间感。内在空间越大，反应就越少。

暂停期间，激活自我同情

一旦你停下来足够长的时间让自己感到平静和安全，就准备好花一些时间，通过做带有同情心的自我探究练习来与自己连接。反复做这个练习——在你被触发后，以及在你暂停期间——培养一种共情、温柔和带有同情心的态度，对待那些感到受伤、愤怒、不安全、恐惧或不知所措的部分。你也可能会逐渐意识到，像这样给自己留出空间会让你感到越来越柔软和宽容——当你和伴侣见面修复时，你会更宽宏大量。

每次触发后，每次停下来后，都要做带有同情心的我探究练习。在刚开始的 20 次左右的练习中，按照“关注自己的感觉和情绪”中所描述的步骤进行。之后，你也许会发现自己完成这些步骤的速度越来越快，甚至可以省略一些步骤。最后，所有步骤都会进行得越来越快，包括暂停、自我平静以及为自己内在脆弱的部分创造一个带有同情心的“容纳空间”。通过练习，正如我上面提到的，有时你只需要告诉你的伴侣，“我被触发了。我需要一点时间”。所有过去需要 20 到 30 分钟甚至更长时间才能完成的步骤，在内在的“临在”状态下，都可以在不到一分钟的时间内完成。

在修复期间求助

如果你已经完成了所有的修复步骤，而且在和伴侣见面之前填写了修复声明，那么你的修复过程会很顺利。如果修复过程不顺利，可能是因为你还没有熟练掌握此前的某个或多个步骤。通常，接纳的步骤最难掌握。如果你不愿接受冲突源于你自己受的伤害、创伤或未尽事件，你就会坚持认为伴侣应该被责备，或伴侣应该改变行为。你的注意力会集中在对方搞砸的地方，在谈话中不断挑对方的错。当这种情况发生时，停下来对自己温柔一些。你会发现感受自己的不安真的很难，你也确实难以接受被触发，这让你感到受伤、愤怒或没有安全感。人类的自我意识似乎沉迷于寻找理由和下判断。因此，不带任何想法去把事情复杂化，只去感觉我们的感受并不容易。

做修复声明是为了让你练习承认自己的核心恐惧被触发，求助你的伴侣通过练习和你一起清除这种恐惧。当你被触发时，你无法看到全局。接受和承认这个事实至关重要。你也许在透过你的不安全感来看待事情，有时你需要伴侣的帮助。

如果你否认自己需要安慰或帮助，那么在带有同情心的自我探究练习中，花些时间关注自己这个部分。去看到所有对麻木、匮乏、贫穷、无能、软弱、不完美、有缺陷、无力、无助或依赖他人的恐惧。从想象你的这部分需要帮助但无法求助或难以相信能得到帮助开始。注意由此产生的情绪和感受。关注你觉察到的任何变化。深呼吸。感受你内在广阔的空间，容纳浮现出的记忆和联想。保持好奇心。对这部分提问，看看这部分是什么感受，它的需求是什么。你可以尝试在日记里写一段内心的对话，让鄙视软弱的部分和需要帮助的部分对话。这有助于你与自己建立一种更好的、更具支持性的关系。你与自己的关系越好，你与他人的关系就越好，你对他人的依赖也就越少。

修复的关键在于承认你有触发反应；承认是恐惧引起的这种反应；告诉你的伴侣，你在被触发时所做的、所想的或所说的并不是你内心深处真实的想法，从而消除对方的疑虑；请求帮助或安慰；接受安慰。经由提出请求并接受安慰，你最终会治愈任何害怕感情受伤的恐惧，重新连接任何切断安全感的脑回路，因为你允许自己接受这种在成长的关键时期没有得到足够关爱的情况。要想得到帮助，你需要先承认自己需要帮助。

潜意识/隐性触发因素

长期的亲密关系可能会发展出不健康的模式，这种模式可能会很多年不被注意到。除了认识到反应循环外，还要注意这些不太明显的坏习惯。

亲密的伴侣会下意识地对会让伴侣高兴和不高兴的事很敏感。当伴侣开心、心情愉快或关注自己时，两人都会感到安全。当伴侣沮丧或没有关注自己时，他们就会感到不安全。在极端情况下，这会发展出一种相互依赖的关系。在这种关系中，每个人都过于关注伴侣的状态，而疏于关注自己的真实感受和需求。每个人都试图取悦和安抚自己的伴侣，而不是真实地面对自己。亲密关系在相互依赖的程度上存在很大差异。

这与我们大脑中的生存警报系统有关，它总是在扫描与“我们依赖的人”有关的裂痕。随着时间的推移，如果裂痕得不到修复，应激性的恐惧假想没有被发现，伴侣就会透过核心恐惧的透镜来看对方。他们会这样想，“我对他们不重要”“我太过分了”“我令人失望”“我不知足”。不久，他们就会相信自己的恐惧假想是真的，他们对伴侣所做的任何事都变得非常敏感，哪怕是与这种无意识的恐惧或信念一点关系都没有的事。他们处处都能“看到”证明。他们不再感到安全，仿佛到处都是地雷。伴侣双方都可能长期处于警惕、焦虑或紧张的状态中。但他们没有意识到这一点，他们已经太习惯如此了。事实上，它们几乎一直都在被下意识触发。要解决这一问题，他们需要加强觉察亲密关系中微妙的触发迹象。

◇ 微妙的触发迹象 ◇

很多微妙的触发迹象大多数人都没有认出是触发反应。如果未被修复的裂痕增多，这些微妙的刺激也会随着时间的推移而增加。例如，假设一个女士让她的伴侣坐下来跟她谈谈。他同意了，但并没有表现出这位女士所期望的热情。因此她想，他真的不想谈话，于是告诉他："嘿，可以下次再谈。"由于她一生都伴随着不安全感，加上他们未被修复的关系裂痕越积越多，她已经到了一种地步，就是对任何表明她对他不重要的迹象都很警惕。她眼里看到的处处都是"拒绝"。她根本没想过，他那不温不火的态度可能与他对她提出要求的感受毫无关系。

虽然这个例子中的女士没有表现出明显的反应，但她还是被触发了。当她说"可以下次再谈"时，这是一种基于应激假想的应激行为。在这种情况下，她的恐惧假想是，她的伴侣真的不想谈话，他对她根本不感兴趣，她不重要，至少对他不重要。她没有表露出这些恐惧，因为可能甚至连她自己都没有意识到。她自动做出反应，养成了仔细观察对方反应的习惯，不断寻找他不感兴趣的迹象。她的恐惧假想主导着她的期待和行为，很快她可能会完全不再寻求关注,或者只以非常委婉的方式寻求关注。每一次出现这样的情况,这位女士的恐惧假想都会被强化,在她的潜意识中变得越来越根深蒂固。她先发制人地选择不要期望太多,不要依赖他,也不要相信他在乎自己。最终,她会形成一种无意识的模式,给他个人空间,不要要求太多。

如果长期保留这种疏远的习惯,伴侣们会感到不那么安全,彼此之间也会更加谨慎。许多夫妻每天都在忍受这种交流,以为这很正常。但随着时间的推移,未被觉察到的应激假想可能会增加。在这个案例中,这位女士可能会认为她的伴侣是以自我为中心的、漠不关心的,甚至是自恋的。

如果你怀疑你和伴侣已经习惯了这种潜意识触发情况,那么你们是时候认真谈谈了。以下是一些关于如何进行这次谈话的想法。

---

1. 从说你想探究你们之间是否存在潜意识触发信号开始。如果你的伴侣不知道这是什么意思,解释一下它的概念:在一段关系中,随着时间的推移,伴侣会收集关于哪些对吸引注意力或建立连接有效、哪些效果不太好的数据。伴侣用这些数据来评估谈论哪些是安全的,而且他们可能不会要求那些自己认为伴侣无法给予或不愿给予的东西。询问你的伴侣对此的看法,并分享你自己的想法,包括你从你们的关系中注意到的任何具体事例。

2. 强调这种情况导致的一种结果是，人们经常不直接表达自己的需求。案例中的妻子没有直截了当地对丈夫说：“你工作时间太长了，总留下我和孩子们在一起。我想你。我需要感受到我们是一个群体。我希望你工作的时间少一些，多花些时间和我们在一起。”她可能只是去暗示、批评或抱怨，而没有开诚布公地直接问。邀请你的伴侣一起考虑你们的情况，你们会不会都对对方提出的间接请求没有被满足而感到内疚。

3. 然后邀请你的伴侣进行一次谈话，重点讨论一系列你们问的有关自己的问题。先思考“当我们刚开始在一起的时候，我期待的或想要的是什么，而我现在已经不再想要或期待这些了”。在你开始回答之前，确保你的精神平静和放松、你的思维开放，且富有好奇心。准备好在第一个触发迹象出现时及时停下来自我平静。轮流发言和倾听，不要打断对方。每个人都有或许五分钟左右的时间。你们进行完一轮谈话后，进行复盘这一步的练习。两人都分享一下在练习过程中注意到的自己的情绪、感受和内在的自言自语——例如，有没有出现过任何似曾相识的恐惧？在继续谈论下一个问题之前，你可能需要休息一下。

4. 接下来，考虑一些问题：“你能回忆起至少一个具体的情况吗？你想从伴侣那里得到一些什么（比如对方的陪伴或者独处的时间），但是你很确定地知道对方的反应会是什么，所以你没提？”再一次，你们都要回答，并且轮流发言和倾听。

5. 最后，想想你们各自提到的具体事件，然后问自己：“如果我能处理这个问题，如果我能对对方的任何回答都感到完全安全，我可以怎么请求我想要的，或表达我的需求或关心？我到底应该怎么说呢？”

6. 在双方都回答了这些问题并就此讨论之后，分享彼此的想法，即如何帮助彼此在请求获得陪伴或受到关注（或其他任何事情）时能感到比较安全。如果这期间被触发，请准备好暂停、自我平静、自我安抚和修复。然后，复盘整个练习——给双方时间分享你们注意到的自己的情绪、感觉、内心的恐惧假想和触发因素。

像这样定期与对方探讨的伴侣会发现，随着时间的推移，谈论和倾听难以启齿的问题变得越来越容易了。恐惧消除了。自我防卫、保护或谨慎行事也没有必要了。自相矛盾的是，你越不谨慎行事，就会越觉得安全。

FROM TRIGGERED TO TRANQUIL

08

我和我的孩子

> 父母的身份像一个动力十足的引爆装置，身为父母很容易源源不断地爆发触发反应。

任何曾经为人父母的人都会在与孩子相处的过程中感到不耐烦、沮丧、失望和不知所措。每个孩子可能也或多或少对父母有过同样的感受。但身为父母，你是孩子赖以生存的人。你是那个充当成年人角色的人，一个应该有能力改变困难局面的人。所以，你如何能把这和你有时觉得自己不太像成年人的事实联系起来呢？有时候你不知道该做什么。有时你甚至想要放弃。本章讨论了如何处理与孩子相处中的触发问题——主要针对仍然住在家里、没有经济独立的儿童。其中大部分内容也适用于不在家居住的成年子女。

养育是一种实践

此前，我建议将亲密关系作为一种实践——一条通往内在成长和内在疗愈的道路、一场精神之旅。这也适用于父母与孩子之间的关系，和夫妻间的关系处理方法相似。但也有一个很大的区别。在育儿方面，你的孩子和你是不对等的。这不是通常意义上的利益互换的关系。而更像是你给予而孩子接收的关系。这是作为父母会被触发的原因之一。

父母的身份像一个动力十足的引爆装置，身为父母很容易源源不断地爆发触发反应。在与家长和家庭的合作中，我发现了三种最常见的家长被触发的原因。

---

1. 我的需求谁来满足？
2. 我孩子的缺陷激怒了我。
3. 我不理解我的孩子。

我的需求谁来满足？

大多数人在还不知道如何做好自己内在小孩的父母之前就已经有了孩子。他们自己还有很多未被满足的需求。当事情不顺时，他们很容易感到沮丧。因此，当他们有了一个孩子，而孩子不断需要被关注，这让他们感到很疲惫，因此很容易被触发。这就好像父母心里在暗暗呐喊："我该怎么办？我的需求谁来满足？"

我认为这个问题很普遍，却很少有家长愿意承认：做父母的还没能满足自己的需求，却有了这样一个不断要求被关注的小孩。刚开始，父母的需求是睡觉而婴儿的需求是被喂养或抱着。然后，父母需要完成工作而蹒跚学步的孩子需要洗澡、换衣服、穿衣服、被哄和确保安全。父母们常常知道也预料到了这样，但这种情况似乎没有尽头，付出这样的牺牲会让人越来越难以接受。

如果你或你的配偶经常抱怨，这表明你们自己的需求没有被满足，而且你们都时常处于被触发状态。抱怨意味着我们想要一些自己没有得到的东西。也许我们需要配偶更多的帮助或感激。也许我们只是想休息一下或者小睡一会儿。也许我们希望我们的孩子更加自立或者没那么多需求。又或者，我们的伴侣过多把注意力集中在养育子女上，使我们感到被忽视或忽略。

家长疗愈练习

如果你对这些例子中的任何一个觉得感同身受，就花点时间反思一下你自己的需求——你对被帮助的需求、对群体协作的需求、合作的需求、被欣赏的需求和被重视的需求——得到了多大程度的满足。你需要感觉到自己做得已经足够多和足够好了。这些需求中有没有一种引起你心中的共鸣？如果有，请尝试通过以下练习拓展自己。

从关注一个具体的需求或一段特定的记忆开始，在你身为父母的角色中，回忆需求（比如感受到有价值或被赞赏的需求）没有得到满足时的感觉，对这种需求的感觉，或者回忆这个特定的记忆，注意你的身体感觉和情绪。

像做带有同情心的自我探究练习一样，确保深呼吸，从而觉知到任何升起的情绪。随着呼吸的深入，内在的空间越来越宽广，以一种博大、敞开、包容的临在状态或姿态，容纳和这个未被满足的需求相关的情绪。

注意你呼吸时身体的感觉，同时也允许任何其他感觉升起——这些感觉可能与你正在经历的或未被满足的需求有关。允许记忆或过去的联想出现。你可能会忆起童年的经历，想起曾经在成长过程中对受到保护、关爱、支持的需求和确保安全的需求没有得到满足。如果出现这种情况，回想一下你作为那个孩子当时的感受；让内在观察者的部分温柔地拥抱孩童的部分，看看你是否能激活内在的母性，像一个好母亲一样，提供一个充满滋养和包容的空间，接纳内在小孩的任何感受。

像这样和自己待一段时间，对内在感觉需求未被满足或未被支持的部分，给予安慰、关怀和同情。看你是否会同情自己或者为自己感到悲伤——为了你的内在小孩，或者为了你忙碌或过度劳累的感觉。这与为自己感到难过不同。这种悲伤是一种自我移情。如果出现责备、羞辱或内疚的想法，继续从一个带有同情心的观察者立场来观察这些想法。然后注意情绪和身体的感觉。如果想哭，允许自己流泪。安慰自己，你的情绪是可以理解的，这样感觉也是完全可以的。

允许自己看着这些情绪待一段时间，同时继续深呼吸。一会儿之后，你会有一种放松和释然的感觉，或者感到自己并不孤单，你可以为了自己独处一会儿。你的外部环境可能没有变化,但你对自己与环境的关系会有不同的感觉。这就像是你对自己的处境有了新的看法。你又朝着接受目前的处境迈出了一步。反复做这种自我同情的练习,可以帮助你治愈因情绪不安、忧虑或痛苦而产生的恐惧或羞耻感。

自我同情是成为一个真正慈爱父母的关键。当你练习对自己慷慨和自我同情时,你对自己、孩子、他人和生活本身的期望会变得更加现实——这意味着当事情不是你认为应该或可能的样子时,你不再受苦。这就是让你平息内在杂音的方法,这些声音不断叫嚷你或你的孩子出问题了。这就是养育之路的愿景——让养育之路成为英雄的觉醒之旅。

我孩子的缺陷激怒了我

随着父母看着自己的孩子长大,他们会注意到孩子擅长的方面和不擅长的方面,他们更喜欢什么、他们在逃避什么,他们的好习惯以及他们不太热心的品质。孩子可能会久坐不动,更喜欢盯着屏幕而不是到户外玩耍。他们可能很容易发胖。他们可能高度敏感,感情容易受伤。他们可能在与他人合作时遇到麻烦,总是想要按照自己的方式行事。可能孩子会发脾气、抽搐、口吃或尿床,父母担心这些症状都是潜在心理问题的前兆。孩子可能会非常害羞,害怕冒险,或者在发展亲密的友谊方面有困难,但原因并不清楚。

父母可能会发现，孩子的某些行为会让他们想起讨厌的事，这些事可能关于自己、配偶或其他家庭成员。他们可能会想起自己的父母在自己成长过程中出现过的不良行为。例如，许多成年人自己的父母不擅长自我关心，不成熟，有成瘾症。当父母看到这些情况出现在自己的孩子身上时，就可能会被触发。

对于父母来说尤其困难的是，看着孩子在成长过程中有着与自己年轻时或现在仍然存在的同样问题，如自暴自弃的习惯或弱点。以下是一个很好的案例，有关我曾经认识的一个家庭。

某天，史蒂夫看着邻家孩子们在准备入选一场小型垒球比赛。他的儿子汤米十岁了，也在备选的队伍中等待。由于双方队员都是由各自队长挑选的，史蒂夫明显看出，任何一方都不欢迎弱不禁风的汤米加入自己的队伍。当汤米强忍着泪水时，史蒂夫给了儿子一个鼓励的眼神。但在内心深处，史蒂夫自己的羞耻感被触发了，因为他的核心恐惧就是害怕自己不够好。当史蒂夫还是个孩子的时候，他觉得自己弱不禁风、缺乏自信，这种感觉一直持续到成年。现在，作为一名家长，他正在尽最大努力确保汤米不会步他的后尘。史蒂夫不想让汤米遭受自己年轻时遭受过的青春期痛苦。当史蒂夫看着比赛开始时，他不想为儿子感到羞耻，但他无能为力。每当他看到汤米不经努力就放弃(史蒂夫自己有时也会这样做)，史蒂夫就会被触发。每当他看到汤米粗心、犯明显不用心导致的错误时，史蒂夫就会被触发——尽管，再一次，他意识到这也是他自己的一个弱点。

如果你孩子身上的某些东西让你想起了你自己的一个缺点从而触发了你,这可能是自我探究和疗愈的起点。自我探究的练习很有帮助。它甚至可能会为你和孩子提供一个更深入交流的机会——这取决于你孩子的心智和情感是否足够成熟。

如果你的孩子积累了相当多的情感词汇,而且已经超过十岁,我建议你和他进行一次开诚布公的讨论,讨论你的触发因素和不安全感,或者你自己的长处和短处。这可能会引发更广泛的讨论,每个人都有自己擅长和不擅长的方面,承认自己的弱点是非常难的。但在你还未长时间使用本书的工具,尚不能接受自己的缺点的情况下,请不要开始讨论这个问题。我们的目标是学习变得不那么完美主义——接受我们都有"成长优势",也有弱点和自己不擅长的方面。

练习:识别你的缺点

无论你是否为人父母,都花些时间列出你个人的长处和短处。不需要列举得很全面,只需在每项中列出几点。如果你是一位家长,再列出你孩子的长处和短处。然后比较你自己的和你孩子的清单,注意你们优势和劣势之间的异同。标记出你和孩子有相同缺点或者你的优点是孩子的缺点的地方。这些都是危险信号。这两种情况中的任何一种都会成为隐患,触发身为父母的你。如果你的配偶有空,尝试邀请他们一起练习。

然后，选择一个标注点做下面的练习。像所有针对触发原理的练习一样，先舒适地坐好，深呼吸。平静下来，也可以闭上双眼。

---

1. 回想一个特定的情况，即当你孩子的行为似乎反映出了这种缺点，或者当你看到这种行为时被触发了。把整个场景放入脑海中。

2. 允许自己再次体验内在情绪和身体感觉，回忆自己内在和外在的反应。注意有哪些想法、自言自语、假设、判断、担心或恐惧假想出现。

3. 与这些情绪、想法和感觉待一会儿，同时不断扩展内在的空间，容纳所有不舒服的情绪、感觉或想法。注意是否有特定的情绪或想法跳出来。注意是否有任何东西移动、变化、加强、变弱或消失。

4. 如果感受丝毫没有增强，从感受中出来，环顾你所在的房间，命名和描述房间内的一两个物品。

5. 注意作为观察者的你对意识中出现的事物感觉如何。你感到放松和心胸开阔，还是你对内在的体验有抵触？当你感到身体紧张或紧绷时，或者当批评或判断的想法出现时，你可以说出来。

6. 如果出现阻力，看你是否可以接纳这种阻力，将其作为自己的一部分——这部分需要被承认。允许自己对这种阻力感到好奇。是否有感觉或身体姿势与这种阻力有关？允许这一切都只作为你体验的一部分出现。

7.如果没有阻力出现，或者阻力消失，继续欢迎任何情况的出现。看是否有记忆或联想出现。如果你自己的过去，包括童年的记忆出现了，充满同情地温柔对待年幼的你。

8.看看你是否能想象到内在脆弱的部分需要什么。它需要什么？在你的想象中，想象自己充满关怀，问它需要什么。你可能得到也可能得不到明确的答复。这并不重要。更重要的是你在关怀内在小孩或者在关怀自己正在经历痛苦、不适或羞耻的部分。

9.像这样和自己待一段时间。深呼吸。感受来自你所坐椅子的支持。当你准备结束时，睁开双眼环顾四周，伸展身体，动一动，或起身四处走动。

◇第二部分连接点◇

完成这个反思后，想想你孩子触发你的行为和你自己的缺点或者与你父母、伴侣的缺点有什么关系。你有发现自己的某个缺点和孩子的触发你的行为之间有任何相似之处吗？

或者你在生活中尤其擅长某个领域而你的孩子却并不擅长。当你做这个练习时，它是否能让你从内心更加接纳自己？这个练习的目的是，让你练习带着广泛的意识和同情心观察任何令你感到不安的事情。任何难以接受的情况都可以是提问的契机。一旦你学习将养育子女当成一种实践，你就不会期待自己的生活向特定的方向发展。你会把痛苦的事情和意外情况视为自然。这些事发生了你就去处理。触发难免会发生。当被触发时，你就把它当作通往更深层次的自我体验和自我认知之门。

当做这个练习时，父母可能会发现孩子触发他们的行为让他们想到了自己年幼时父亲或母亲对待自己的态度。一个案例是，假设孩子态度不屈不挠，这会触发父母。在练习中，父母会与自己的内在小孩连接，他们会感受到被自己的父母支配或控制。这就解释了为什么父母可能经常会感觉被操纵或控制，会被孩子触发。一旦父母看到这种联系，他们知道身为父母，需要做的内在工作包括面对被操纵、被控制或被忽视的恐惧。也许在其他人或父母看来，他们在和孩子的相处过程中会感到无力的情况很可笑，但触发反应是不按逻辑发生的。触发反应代表了我们在成长过程中的错误关联，这影响了我们的大脑回路。在这种情况下，如果一个孩子的父母有控制型人格，这样的人可能就会害怕与父母对抗或发生冲突。他们反抗父母时，父母会感到不安或愤怒，这令他们胆战心惊。他们可能想象过，反抗父母会失去父母的爱并被他们抛弃，这使他们根本不敢坚定地表达自己的想法。结果，他们变成了一个迎合他人、适应力强的小孩,不惜一切代价避免冲突和对抗。这种性格模式——适应调整而不是坚持自我的模式——会持续一生。成年人可能会意识到,如果他们说不,他们的孩子也不会抛弃他们。但一旦有潜在冲突存在,他们仍可能感到恐惧或担心。一个人对情感分离或遗弃的恐惧会被触发。当然,这种恐惧可以被治愈,但这需要实践。

另一个案例是,一对父母被触发的原因可能是他们看到自己的孩子出现一种行为——比如自理习惯不好——这会造成自我破坏或者可能导致成年后麻烦重重。然而,生活自理方面是父母擅长的。这对父母身体健康、积极主动,他们担心孩子会变得肥胖和懒惰。当他们抓到孩子偷吃垃圾食品时,他们被触发了。他们感到无助、失控且束手无策。这很痛苦。他们能做什么?最重要的是在内在留出空间容纳自己的痛苦,带着同情心看着痛苦,同情自己。

如果这也符合你的情况,看看你是否能接受有时看着自己的孩子是令人痛苦的。当你看到他们没有以你想要的方式成功时,你会心痛。如果这种感觉让你觉得沉重,允许自己有任何感觉。对自己温柔一点,随着时间的推移,你会感觉更轻盈。如果我们想对孩子产生积极的影响,最好的办法是首先清除触发情况在我们大脑中引发的扭曲思维。然后,我们才更有机会和孩子沟通,这样他们在情感上能与我们建立连接并信任我们。

我不理解我的孩子

孩子通常不会按照父母的期望或习惯行事。有时这种差异会马上显现出来，比如父母喜欢拥抱他们的孩子，但孩子会反抗。大多数情况下，这会出现在儿童发育的后期。在多子女的家庭中，这些差异可能没那么令人沮丧。但当父母只有一个孩子时，他们更有可能被“不寻常”的行为触发。

各种各样的案例表明，父母和孩子之间的“连接”各不相同。父母可能注重科学，以数据为导向，而他们的孩子可能看起来像个梦想家，主要凭直觉做事。父亲可能阳刚之气十足，却有一个偏中性的儿子。父母可能无忧无虑、乐观向上，但孩子却看起来忧心忡忡。

如果你和你的孩子有类似的差异，这可能是一个独特的成长机会。这种情况会迫使你超越任何限制性或自我导向性的观点，不再定义他人应该如何。它可能会帮助你接受这样一个事实：激励你的并不一定就能激励别人。

如果有一个看似和你不一样的孩子令你苦恼，我建议你读一本关于性格类型的书，比如《迈尔斯-布里格斯性格分类法》或《九型人格》。这些书有助于人们理解不同类型的人——其行为可能是人们不理解的。

认识到父母与孩子在气质上的差异可以帮助你生活得更好，因为世界上到处存在着不同性格类型的人。大多数人天真地期望别人的反应与他们自己的反应几乎一致。不管你是哪种性格，我劝你对这些弱点和这种类型的盲点（比如读一本人格类型的书）保持好奇心，同时明白每个人都可以超越自己的类型成长或进化。你的类型不是一种生命判决，这是遗传和成长条件共同作用的结果。而人们在养育子女或处理任何其他关系的过程中会改变和成长。有一个看起来不一样的孩子会让人感到抵触和沮丧，但它也可以成为个人成长的厚礼。

如何与孩子一起修复？

无论出于什么原因，如果你的孩子触发了你，你需要做内在工作，然后尽快开始修复。首先，回想当你年幼的时候，你的父母不高兴时你是怎样的感觉。大多数人都记得自己有时感到害怕、不安全，有时甚至被吓坏了。这种情况发生后你的需求是什么？大多数孩子会说他们需要被安慰，感受到自己是被爱的；不管发生了什么，他们都想确定父母其实已经不生气了，他们依旧非常爱自己。

童年时期的我在这方面相当幸运。虽然我爸爸经常气势汹汹地向我冲来，我会被吓得僵住。但事后他总是很快就来找我，告诉我他很抱歉自己反应过度了。有时他会告诉我，我的行为吓坏了他，因为他担心我可能会受伤（比如有一次我跑到街上差点撞上迎面而来的汽车）。有时他会说他不知道自己为什么会有这样的反应，但这并不是因为我有什么不好或做得不对的地方。这些道歉对我而言意义重大。当我现在回想到这些时，我的眼里充满了感激的泪水。当他生气的时候，我以为他再也不爱我了。但他不会让我恐惧地坐太久。他已经足够成熟，能让自己冷静下来理解我的恐惧和需求，为他的触发性行为负责，并向我保证他依旧爱我。

当你与孩子做自我修复时，你在修复声明的脚本中使用的具体词语将取决于孩子的年龄或成熟度。我父亲一开始说的话是："对不起，我发脾气了。"即使我那时五岁，也能明白他的意思。现在，你也许可以把这个概念介绍给一个五岁的孩子，并告诉他：我们都需要时不时地"停一下"，这能让我们在感到不安后冷静下来。"不安"这个词可能是一个很好的通用术语。接下来要做的是，一旦我们平静下来，就应该道歉或修复。在你教了孩子这么多之后，过段时间，你可以增加"重做"这一步骤（比如，"如果我能重做……"）。当然，教授这一点的最佳方法是对之进行示范。可以用一个简短的解释表述期望：这是一个方法，能够帮助相爱的人处理愤怒和其他相关情绪以及裂痕。以下是我对 5 至 18 岁儿童的修复声明建议。

我想为________（填入你的应激行为，比如，大喊大叫、打你、骂你、摔门、无视你，等等）道歉。

很抱歉我做了（或说了）那件事。我不是故意的。我被触发了（只有当你的孩子已经理解被触发的概念时才说这句话，但不要为了推脱或者为不妥的行为找借口而说这句话）。

我想让你知道我已经不再难过了，我非常爱你（这样说的同时温柔地拥抱对方或者先问，“我可以抱抱你吗”）。

当你把这个修复声明交给孩子时，留意孩子的表情，他看起来是放松的还是紧张的。如果孩子看起来很紧张，问他，“我吓到你了吗？”或者“你还在生我的气吗？”在你问这个问题之前，确保你是态度诚恳的、内心平静的。给孩子足够长的时间回答。如果你问了这个问题后还不停地说，你会给人一种印象，觉得你并不真正想要一个诚实的答案。如果你的孩子承认自己仍然害怕，那么充满同情地对待他和理解他，就像你对待自己的内在小孩那样。

当孩子知道烦恼是可以治愈的，这会帮助他们长大后愿意为了亲密在情感方面冒险。他们在关心的人面前会变得不那么谨慎、没那么设防或不那么神秘——因为他们知道我们有时会在不知不觉中伤害他人或者受到伤害，但这些都是可以原谅和修复的。

FROM TRIGGERED TO TRANQUIL

09

我和我的朋友

> 人们对人际关系的喜好程度和忍受力差异很大。如果你认为自己忍受力比较弱，就不要和忍受力强的人在一起。

任何亲密的友谊都伴随着一个动态特征，这表现为竞赛、比较和竞争。有些动态特征与亲密伴侣间追求和被追求的模式相同。但即使在不太复杂的友谊中，当需求、价值观、期望或人格类型存在差异时，触发的情况也经常发生。

莎伦和泰勒在一家咖啡馆共进午餐。她们一坐下，泰勒就开始抱怨她和另一个朋友之间的一些不如意，而她的朋友莎伦并不认识。莎伦假装很感兴趣，但泰勒似乎对另一个朋友比对她更感兴趣，她感到真的很失望。即使她们的谈话转到了其他话题，莎伦也不太用心听了。在他们道别后，莎伦意识到她全程都是被触发的。她进入了一个轻微的冻结反应，她不断在说话，她的脸在适当的时候继续微笑，但显然她的心并不完全在那里。

当她回到家，停下来更充分地感受自己的感受时，她意识到自己被触发的原因是，她害怕被无视或变得不重要。当她花时间做带有同情心的自我探究练习时，她联想到了一种熟悉的童年时期的感觉。她记得她曾几次表达自己的愿望或想法，希望得到哥哥或母亲的热心回应。然而，他们回应的内容往往与莎伦说的毫不相干，这让她感到被无视了。这种情况发生在她身上的次数太多了，以至于她产生了一种核心恐惧，害怕自己变得微不足道、被无视和无关紧要。她学会了通过关闭心门和沉默来处理这种无意识的恐惧，这让她变得更加没有存在感——无论是对她自己还是对他人。

选择如何回应朋友

如果你是莎伦，你会对你和朋友间的这件事做些什么或说些什么？你会和泰勒对质她有时是多么麻木不仁吗？你会发誓在以后更加留意你的触发因素，这样你就能更快地捕捉到自己的反应吗？你愿意通过这件事，同情自己、接纳自己脆弱的一面，不再抵触感受难过的感觉吗？你会去找泰勒，开诚布公地告诉她，你的恐惧被触发了，你关闭了心门，你想确认你对她很重要吗？你会认为泰勒触发了你太多次，决定最好从现在开始避开她吗？这些都可以选择。

你的选择取决于你是想避免不舒服的感觉，还是当这样的事发生时获得疗愈和成长。当你在人际关系中难以抉择说什么或做什么时，先问自己一个问题：我的目的是什么？是把关系视为一次严峻的考验，让我们双方都去疗愈、学习、内心变得更加坚强、更深入地了解自己和彼此，还是为了保持平静、显得坚强、避免烦恼、待在舒适区、感觉自己在掌控之中，或者是被认可的？在我的《变得真实》一书中，我提出了同样重要的问题，但表述略有不同："你沟通是为了加强关联（相互了解，这可能有风险也可能促进成长）还是为了控制（大多数人默认的选择是去克制和减少不适感）？"

在你被朋友触发的任何情况下，你可能还要考虑另外两个问题：如果在这个关系中总是被触发，我的神经系统能保持镇定吗？我的朋友是否重视"关联"，并视其为一条成长之路？要回答第一个问题，反思一下你过去的经历：当像"感觉不重要"的事情发生时，它是否会给你造成新的创伤？你需要很长时间才能恢复吗？要回答第二个问题，假设你的朋友想和你建立更深层次的关系，我建议你问：他们是否把关系产生裂痕看作难得的机会，愿意与你一起合作修复触发反应，他们的内心是否有这样做的韧性？换句话说，他们能在一次不安的谈话后恢复吗？当听到你对他们所做的事情不满时，他们能接受吗？

两个人将彼此的友谊视为一种成长实践时，可以像处理婚姻关系问题时那样创造机会治愈童年创伤。触发原理的工具可以被应用在任何类型的关系中。在大多数友谊中，两个人不像婚姻伴侣那样相互依赖（他们不住在一起，也不和孩子住一起），所以一般来说，他们的冲突应该更少。但有时，有朋友真的会按到我们的触发按钮。由于风险相对较小，在这种关系中处理自己的触发情况压力也可能较小。

风险较小也意味着人们没有足够的动力坚持到底。放弃一场友谊比结束一段婚姻更容易。如果你在和朋友尝试一起使用这些工具时，发现这段关系对你的神经系统刺激太大，你完全可以放弃这段关系或重新定义它。你可以承认你想处理的情绪强度是有限的，也可以避免再次遭受创伤。人们对人际关系的喜好程度和忍受力差异很大。如果你认为自己忍受力比较弱，就不要和忍受力强的人在一起。和我的一些朋友相比，我自己忍受力较弱。承认这一点比持续待在压力中要好。你可以断绝友谊，也可以限制交往时间或者只是一起参与一些特定的活动。但如果你选择这样做，就不要责怪对方。这属于接纳内在实践的一种，需要秉持超越责备的心态。有时，你可能不想要在特定关系中表现出该有的自信。

如果你想邀请一位朋友一道，将你们的友谊视为学习、成长和深入交往的过程，下面可能是你开启对话的方法。比如说"我一直在探索和学习如何处理我的情绪触发因素。触发情况也会出现在友谊中。你是我的好朋友，我想问问你是否愿意和我达成一些共同协议，帮助我们觉察到触发因素并及时指出，甚至还可以在被触发后进一步修复或清理。这样，我们都能学习如何了解自己，共同成长，而不会造成伤害或产生怨恨。这是你想要的吗？你有什么想问的吗?"如果你的朋友同意，可以推荐他们阅读这本书，特别是本书第一部分，方便他们能像你一样很好地理解修复过程。如果你和朋友决定朝着这个方向前进，在一开始的尝试中难免会出错，所以可以用这本书来指导你们走这条路。此外，你和朋友也许还需要阅读我另外一些讨论触发因素和关系的书:《变得真实》(2001)、《说真话》(2008)和《五分钟修复关系》(2015)。

避免再次创伤

在决定如何在友谊中处理触发情况时,要对自己诚实和有同情心,做选择时避免再次创伤。在本书中,我建议将日常生活当作一种实践,其中包括与朋友相处。所谓"实践",我指的是以一种专注的态度、充满同情心地对待生活中出现的事情,从而学习如何接受和忍受不愉快的感觉。这样做的目的是让你的内心变得更加坚强、更加冷静,这样你能够更为勇敢和平静地面对生活中的挑战。但当你学习这样做的时候,不要太勉强自己。不要在不舒服的状态中待太长时间,那会伤害你自己。后退和前进一样都需要一些时间。有时我们需要退缩,待在家里,待在房间里,或待在内心的避难所,寻求一份安全感或清净。

当一段友谊中不断出现压力和触发情况时,我建议暂时远离以避免干扰。尤其是如果你在生活中经历过多次创伤,或者患有疑似复杂的创伤后应激障碍,这样做很重要。在某些情况下,不得不反复划定边界或处理违约的情况会再次造成心理创伤。你可能需要解除边界或划定边界而不需要做太多(或任何)解释。有时候,做解释对于你的神经系统而言压力太大,维持某一份友谊所需的内在工作可能太多了。因此,尽管你可能对与生活中重要的人共同解决问题有强烈的执念，但有时这并不是最明智的做法。

例如，艾琳早前经历过性虐待和其他发展性创伤，她决定与露易丝断绝多年的友谊，因为与露易丝交往的压力太大了。露易丝有一个习惯，就是怒气冲冲地向艾琳抱怨她与丈夫的性生活。在她们成为朋友以来，艾琳一再要求露易丝不要抱怨有关这个特殊话题的事，但露易斯依旧我行我素。露易丝似乎是在利用这段友谊来处理她自己与丈夫之间的矛盾，但这对艾琳造成了再次创伤。

露易斯自己对性比较随意和不敏感，这让她很难理解艾琳的敏感。艾琳开始注意到，每次她和露易斯在一起时，她的神经系统都会有一种恐慌感或感觉即将迎来厄运。她发现自己僵住了，无法向露易丝解释清楚这一点。所以某天在一次互动之后，艾琳感到沮丧，不想一再强调谈话的边界了，她只是告诉露易丝她们不再是朋友了。为了保护自己脆弱的神经系统，艾琳这样做了，而且没做太多解释。她认为和露易丝的任何谈话，哪怕是简短的谈话，都会使她负担过重。这种情况很不幸，但有时我们所能做的只有结束友谊。

即使我们自己的缺陷也是造成不安全感的一个原因，即使对方没有做错任何事，但有时我们需要优先考虑自己的身体健康和压力水平。所以如果你决定结束一段友谊，那就尽可能于己于人都态度和蔼，不加责备。每当我决定淡化一段友谊或结束一段友谊时，我总会认为是我能力有限，无法“爱其所是”，或者难以坚守自己的边界。

当你的朋友提出绝交

现在，我们来从另一个角度来考虑这种情况。一个朋友在与你交谈时感到不安或倍受刺激，决定结束你们的友谊，但却没有说明原因。即使你问了原因，这位朋友可能也不会告诉你。也许朋友也不知道为什么，也许是因为他们不愿意透露一些早期的心理创伤，比如童年经历的性虐待或身体虐待。受害者不愿透露这一点是很常见的。

他们通常与人和睦相处，而一旦被触发，他们就会冻结。有时，他们也会变得咄咄逼人。他们的行为或许匪夷所思，所以你常常不知道他们的立场是什么，或者他们真正需要的是什么。

这可能会触发你。但是，如果你有明显的触发反应，或试图修复，这可能会使你的朋友感到不安或再次受到创伤。像露易丝一样，你可能会发现自己突然被绝交，却丝毫不清楚为什么。这令人难以接受，但这确实可能发生。由于大多数友谊都没有“至死不渝”的承诺，人们不会像在婚姻中那样努力解决问题。如果你想避免朋友突然与你绝交，可以选择和对方提前就此达成共识。你们一致同意不轻易结束友谊，至少也要给几小时深入倾听彼此看法的时间。

如果你发现自己处于露易丝的位置，那么就做一次带有同情心的自我探究练习，每次你因莫名其妙的绝交感到受伤或困惑时，都要重复做这个练习。在内在留出觉知的空间，同情受伤的自我。尽量不要责备自己。别忘了,我们情感方面的痛苦就像我们不允许自己哭出来的脆弱部分一样,它没有被同情和温柔对待——因此它与我们的其他个性分离,成为潜意识阴影中的一部分。触发反应为我们提供了一条途径,可以重新连接我们遗失的部分或曾被拒绝的部分。当这些痛苦或受伤的部分被接纳时,它们就不再需要不断地呼求关注。这就像抱起来喂饱了一个饿得哇哇大哭的婴儿。通常,他们就会停止哭叫。

与朋友一起修复

当被朋友触发时,大多数人会首先自己停下来(参见“如果对方被触发了,无法停下来”)。所以这种暂停可能是默默进行的行为。你会想办法离开房间或换个地方,比如去洗手间。你也可以单方面停下来,说“我快烦透了,需要振作一下”,甚至直言“我快被触发了,得停一停”。

然后,当你再次感到平静和安全之后可以回来,同时也可以做一个简短的道歉,比如,“对不起,我不得不打断我们的谈话。我现在已经准备好继续听了”。或者,如果你还没有准备好重新开始谈话,找时间做带有同情心的自我探究练习,看看之后的感受如何。

在理想情况下,特别是与你信任的人在一起时,我建议你们完成触发原理的所有五个步骤,包括接受触发、了解触发信号、暂停、自我安抚和修复。这需要先做一些介绍并讨论,让双方都知道要实践什么。你们可能需要修改或简化修复声明，使表述更适合你们的关系。例如，你们可能没有涉及自己的核心恐惧，或除了承认需要被理解外，并不需要得到进一步安慰。

在某些友谊中，你们可能只需要在被触发时停下来，然后自我平静，而省略触发原理中的其他步骤。之后，在你独处时，你可以独自进行自我探究练习。一旦你使用这些工具做一些练习，你就可以轻松灵活地掌握暂停一平静一修复的过程，适应各种实际情况。

最后，对于某些特别亲密和重要的友谊，你的朋友可能需要经历与我在“我和我的亲密伴侣”中为情侣们推荐的相同的过程。这对于没有亲密伙伴的人，或对于不像婚姻那样持久和亲密的朋友关系，都是很有效的。在这种情况下，在修复步骤中，你会发现被触发的核心恐惧以及它与童年心理创伤的关系，从而通过寻求帮助或获得安慰来缓解这种恐惧。如果你真的找到了一个愿意和你共同练习的朋友，那么你很幸运。我认为，我们这些付诸实践的人，正在为治愈恐惧做出真正的贡献。而正是这些恐惧在分裂着我们的世界。

FROM TRIGGERED TO TRANQUIL

10

当我在群体活动中

成人群体往往反映了我们早期家庭、学校或同龄人群体经验的一些动态。

本章为如何在群体环境中处理自己和他人的触发反应提供了指导。群体为解决社交焦虑、权威问题、从众问题和归属问题提供了强有力的环境,即使这并不是群体的既定目标。在群体中被触发可能会让人记忆深刻——不舒服的感觉令人难以忘怀——因为可能有很多你不太了解的人或者你不信任的人刚刚目睹了你失去理智!但这也是一次机会,让你来处理诸如羞耻感、尴尬、从众压力、替罪羊、被冷落感、被评判、焦虑症和情绪失落等问题。

在群体环境中被触发可能会充满威力(难以控制),如果我们早期在糟糕的家庭环境中受伤,或在小学高中遭遇过不幸。成人群体往往反映了我们早期家庭、学校或同龄人群体经验的一些动态。这是因为我们习惯于或者“被训练”以特定的方式行事,在这些环境中扮演特定的群体角色。一旦我们与其他成年人处于一个群体中,我们可能会无意识地与自己在早期的家庭、学校或操场上扮演同样的群体角色。我们在早期家庭中的角色可能是害群之马、小金童、乖乖女、妈宝男、家庭替罪羊、母亲的帮手、拯救者、体弱多病的人、叛逆者或亲职化儿童。当人处于压力之下时，很自然会重返旧有的习惯。

家庭角色

在你的第一个群体——家庭、教堂、学校、社区等环境中，你的角色或作用是什么？你是想引人注目还是避开它？你是领导者还是跟随者？顺从还是反抗？给予帮助还是接受帮助？那些早期的群体是由有为的、值得信赖的成年人领导的——这样你就可以轻松得像个孩子，还是你试图弥补成年人的过失——也许是扮演保护者的角色？

了解你倾向于扮演哪个群体角色很有用。这有点像了解你的触发因素。例如，如果你知道自己在儿童时期扮演了保护者/拯救者的角色，你就可以特别注意自己是否仍然在成人群体中这样做，这是否是你最好、最真实的选择。例如，我认识一位女性，她有一个仔细观察她所在任何群体的领导或引导者的习惯——看看这位领导或引导者是否营造了一个安全的环境：领导是否足够强调保密性？领导是否清楚界限和期望？领导是否在处理事情的方式上富有同情心、照顾他人的情绪？这种角色的功能对群体确实有帮助。但对于扮演这个角色的人来说，这可能表明他们正处于慢性半触发状态，而他们并没有意识到这一点。他们可能已经学会了通过成为群体的保护者来逃避自己脆弱的感觉。

在阅读本章时，请记住这一点，看看你是否能辨认出任何可能影响到你的早期群体经验，包括你早期与权威的关系。

与权威的关系

我想提醒大家，我们都是从小起步，依赖于一个充满大人物的世界而生活。这些人是权威——父母、祖父母、教师、神职人员和教练。现在停下来想想那些在你小时候影响过你的大人物。他们公正吗？他们能很好地处理自己的情绪吗？你信任他们吗？在他们面前，你对自己的感觉如何？他们指导得好吗？你是否觉得他们认可和重视你？他们中有人利用你或虐待你吗？在阅读本节有关领导力和权威的内容时，请记住这些内容。记住，群体和个人一样，都有有意识和无意识的动机和行为。当一个群体的领导或管理层的行为经常难以捉摸、令人困惑时，就会出现大多数人都未意识到的所谓的“群体性盲从”。

无论一个群体的背景是什么，无论是工作群体、学习小组、社交群体、支持小组或者陌生人群，都需要有人扮演领导者的角色来保证群体正常运转。这可以是被任命的组长、引导者、导师或老板。在无领导人的群体中，只要有人具备领导组织能力就可能成为该组织的领导者。一旦确定了领导者（即使是代理领导），这个人就会成为一个“投射屏幕”。群体成员会把他们童年未被满足的需求和积压的情绪投射到领导者身上。一些成员会把他们的权力交给领导者。其他成员会尝试争夺领导权。成员可能会高度警惕领导者嘉奖、惩罚或忽视的行为。他们也可能会用不切实际的高标准要求领导者。成员对群体领导(包括代理领导)的态度各有不同,这取决于该领导人在每个成员身上触发了什么。这可能更多地与每个成员的触发因素有关,而与领导者的技能或个性关系较小。

回忆群体性触发事件

看看你是否能回忆起一次被领导或群体成员触发的群体性事件。你能回忆起这件事的细节吗？触发或刺激因素是什么？你的应激情绪、身体感觉和恐惧假想是什么？你有没有其他群体成员都能观察到的过度反应？还是你的反应仅仅是内在的,比如默默地评判领导？尽可能多地慢慢回忆。然后注意:当你主动带着觉察在脑海中重播这一场景时,你的感觉如何？(和这种感觉待一会儿。)你被触发的自我是否担心自己被如何看待或自己是否被评判了？你被触发的自我是否更担心小组其他成员的意见或领导的意见？当你被触发的时候,你有没有责怪任何人？你有期望领导做些什么来保护你吗？

期待群体领导保护我们(基于对不受保护的恐惧)是极为常见的触发因素。这甚至不是最初触发我们的原因,但当在群体中被触发了核心恐惧(比如害怕被拒绝或被控制),那么我们就会看到触发事件的另一层面——感觉被本该照顾我们的人辜负和背叛而感到失望。如果你意识到这是你的一个触发因素,那么现在停下来承认自己在被权威人士辜负方面存在弱点。看看你是否能同情自己有时感到没有被保护或没有被照顾的部分。深呼吸,从内在为这部分留出空间,也许会有记忆浮现。不用太过努力地回忆。如果你的内在准备好了,记忆会自动浮现。如果曾经的记忆真的出现了,信任并跟随内在与它连接时那些记忆放大(近距离观察记忆)、缩小(从远处观察记忆)的节奏。这段记忆向你展示了你在群体中倾向于感觉安全还是不安全。

当同伴触发你时

在早期学校班级里和多子女家庭里,相互比较和相互竞争的现象很常见。成年人毫不避讳地出言比较孩子,这无形中在孩子内心造成了不安全感。很多触发反应与不幸的早期经历相关,当时我们被与他人比较或者认为自己被与他人比较。你有回想起任何因为发生这种情况而感到痛苦的经历吗?或者可能是父母做的一些事情让你和兄弟姐妹或堂兄弟姐妹相互对立。如果这种情况发生在你的家庭中,你可能会在同龄人群体中对此类事情特别敏感,也很可能会被触发。准备好在第一个触发迹象出现时就停下来或者划定边界(参见“暂停群体活动”)。

比较自己与和他人竞争只是两种可能出现的触发反应的迹象。在群体中我们被触发的方式还有很多。在某种特定类型的群体中，我们也可能被触发。例如，某个有一定规模的大型群体，某个我们需要与所有人做口头分享的群体，或者某个需要我们完成自己并不擅长任务的群体，比如做公众演讲。知道哪种事情可能会触发你会有好处，这样你在参与此类群体活动时能够高度保持正念。

如果你足够敏锐，你可能会注意到自己在群体生活中的某个阶段最容易被触发，比如开始阶段、中间阶段或最后阶段。一些人在开始阶段更为焦虑，另一些人则是在最后阶段。在开始阶段被触发的人往往对信任、归属感和依赖性心存恐惧：他们能信任这个群体或领导吗？他们属于这里吗？他们和这里的人有什么共同点吗？他们感到自己被接纳和重视，还是不被重视和被忽视？他们会受到保护吗？

在中间阶段被触发的人往往害怕自己独特的想法或处世方式不被接受。他们担心是否有足够的时间让别人倾听自己。他们可能会盯着钟表，看看是否有些成员得到的发言时间比自己得到的发言时间更长。他们可能会留意其他群体动态，例如，是否男性主导所有的谈话而女性大多数时间都保持沉默。这类人通常不信任权威。他们通常被指定的领导或任何声称具有领导力或主动性的群体成员触发。他们可能害怕如果另一个群体的成员掌握了控制权，这会削弱他们的权利，就好像显得他们成为软弱的“追随者”一样。

在最后阶段（在有明确终止日期的群体中）被触发的人，往往其所有的触发因素都和失去联系、被抛弃或被孤立有关。也正是这类成员在群体的最后一次会议上，会建议大家保持联系，或者在半年后重聚。拥有某种类型的触发因素，例如被抛弃，这会导致人们发展出某种性格模式来处理这种恐惧，而且这种性格模式是可预测的。我把这种模式称为“控制模式”（我在其他书中详细讨论过）。控制模式是一种人格习惯（通常是无意识的、不加选择的），这种模式是为了避免被触发。如果你害怕被抛弃，你可以尝试在未来某一天组织一次小组聚会，这样你就会明白一次小组聚会并不是最后的告别。

暂停群体活动

一些群体领导可能非常有经验，在新群体建立之初就提出了订立暂停协议的想法。但大多数领导不会这样做。如果你有足够的信心，作为群体成员也可以考虑提出这个提议。群体中的暂停协议类似于在夫妻或朋友关系中使用的暂停协议：一旦任何人注意到自己即将被触发，就说“停一下”，或给出其他暂停信号，然后每个人都停止说话，根据自身实际情况做自我平静练习或做其他基础练习一两分钟。暂停结束后，群体继续进行后续步骤，包括分享感受和自我探究练习（如果这是群体契约的一部分）。暂停一段时间后，被触发的人可能还没有准备好立即跟上群体进度，因此他们需要和群体沟通，让群体继续下一步进展，然后自己接着做自我平静练习。

在群体中，应激反应通常会持续一段时间，大多数群体成员不一定会意识到自己也可能会被触发。目睹群体中的另外两名成员发生激烈冲突可能会触发整个群体，因为群体成员之间类似于伴侣之间，也是彼此相连的。这个群体有着共同的现况和前途，这影响着每个成员。如果两个群体成员（或两个隶属的小组）意见不一致，这会影响每个人的需求是否能被满足。夫妻制度、家庭制度、组织制度、管理制度甚至星球制度也是如此。记住这一点，这样你就可以在你隶属的系统中有更敏锐的观察力，也更加负责任。

每种群体情况都考虑到是不可能的，但还是有一些关于需要停一停时该怎么做的建议。如果你刚刚开始感到不适，而且还没有被触发，你可以慢下来，比如说“我需要几分钟来考虑这个问题”。如果你已经被触发，而且不想打断群体活动，你可以说，“我休息一会儿再回来”。如果你想让他人停下来，而他们并不熟知触发因素的概念或暂停的想法，你可能需要说一些更直白的话，比如“我很想听听你在说什么，但我有些心烦了。我需要停一下平复自己”。在所有这些案例中，由于说话的人在负责任地沟通，并没有责怪任何人，他们这样的表达被接受的可能性比较大。

在群体中划定边界

在新建立的群体中,一般还没有建立明确的规范和界限。领导者可以提出一些基本规则来确保成员诚实和负责任地沟通,并在沟通过程中有安全感。但要使成员时常应用这些准则是需要经过一段时间的。即使有了最好和最清晰的准则,群体成员也不一定遵守。任何人可能在任何时候说任何话。我们可能会被触发。我们无法防止意外的发生。

我们能做的是提前对群体成员提出要求,让他们与我们的触发因素或创伤保持界限。例如,我们可以要求人们避免做某些事或说某些话,如避免不敲门就进入、近距离叫喊、开黄色玩笑、亵渎或诽谤某个种族或民族。我们也可以具体指出自己更喜欢用的代词。在理想情况下,领导会提前要求每位群体成员尊重以上界限,如果没有,也可以通过中断群体活动来提要求。如果你这样做,就要先确保你已经完成了内在工作、能够接受自己被触发、也了解自己的触发因素。

然而,提出这个要求并不能保证你的边界不会受到侵犯。一旦某个人说了一些可能会对你造成再次伤害的话,你要准备好立即制止。如果你已经被触发,你需要先停下来。相比让集体停下来,自己默默停下来通常是最好的处理方法。然而,如果你还没有被触发,但你知道很可能会被触发,你可以在群体活动中说:"我需要声明一下自己的界限。我对性暴力话题很敏感，我得离开一会儿。”

大多数群体都会尊重这样的请求，但也可能存在例外。在群体当中，人们的个性各不相同，并非每个人都能一致接受易被触发的敏感性。就我个人而言，我非常尊重冒险这样说的人，因为这会使群体文化向更好的方向发展。当某个人说出自己的个人需求和界限时，这会使群体学会包容、更具多样性，也能更好地满足不同成员的需求。

工作群体

社会群体和个人成长小组通常愿意讨论个人界限和情感方面的敏感性。但在大多数商业领域或社区中，按照群体规范，通常不鼓励个体表露太多的私人情感。在这种环境下，如果你被触发或受到再次创伤，你可能需要去卫生间休息一下。在座位上沉默片刻也能起作用，除非你觉得有必要独处。

总的来说，这样做的目的是了解和尊重自己的局限性，准备好在任何地方提出自己的需求和界限，即使这不符合特定群体的标准。你做的自我接纳和自我同情的练习越多，当你提出这样的需求时，你就越能成功地让别人听到你的声音。你这样做会激励那些不太勇敢的人，让他们知道如何更好地照顾自己。即使群体的标准是“我们不谈论感情”，你也不必总是听从。例如，在我服务的一个线下群体中，一名参与者要求得到她所谓的“特殊待遇”。她说：“我有一个请求,不好意思讲出。但我只是希望在会议期间和休息期间,没有经过我的同意,不要碰我、拥抱我或用肘部推我。我受过一些创伤,害怕未经同意就打破我的身体边界……感谢大家的倾听,我很高兴能坦然地在这里说出这些话。”在这种情况下,这个请求显然与童年创伤有关,群体成员会很乐意遵守。

在其他情况下,你自己的“特殊对待”版本可能与诱因或创伤无关,比如请求过于频繁地上厕所,或者要求人们大声说话来让你听清楚。尽管这类事情似乎与被触发无关,但如果你不要求,你可能会发现自己稍后就会被触发,因为群体成员没有关注到你的需求。

在群体活动中自我探究

在大多数群体活动中,当你处理你的个人触发反应时,整个群体不会停止正在做的事情。重要的是你要意识到自己被触发了(因为你了解自己的触发因素以及你在群体中的反应)。当你注意到自己即将被触发的某些迹象时,你默默地开始做暂停练习,然后留出一个富有同情心的内在空间来容纳你的感觉。有意识地深呼吸可以促进这些练习。在一个群体中,你可能无法做太多(如果有的话)自我探究练习。你可能需要先把它搁置起来,直到你回到家,并且在一个安全和安静的地方再开始练习。然后,你回到家(或来到一个安全和安静的地方),回顾你脆弱的感觉。花些时间关注在会议或群体中被触发的感受。这并不代表你应该激发或强化这些感觉。

只需要允许它们存在，看着它们变化、流动、扩张、收缩，或者被困在某个地方。如果你没有办法平复情绪或重归平静，也不必担心。像这样和自己待在一起本身就已经在起作用了。

在群体中修复

如果你在群体中被触发后与某人发生冲突，整个群体都会受到影响。当这种情况发生时，最好做一些公开性的修复。最好的选择是面对面（亲自见面或通过视频会议）修复，其次是通过群发短信或抄送电子邮件修复。当你完全平静下来、不再因恐惧而胡思乱想、不再指责任何人，并且重新感到安全的时候，就可以填写自己的修复声明了（见“缓和气氛”）。根据时间情况，你可以在同一次会议期间进行公开修复，或者被迫等到群体的下次会议再进行。大多数情况下，人们会等到下次会议时再修复。在这种情况下，提前告诉群体成员，你想在会议中添加一些额外的提议：你想让大家了解上次触发事件的最新情况。你可以把修复申明写给与你发生冲突的人，也可以写给整个群体。你可能不想读整个修复声明，所以可根据实际情况适当修改调整。

下面是两个示例，示范如何修改和调整修复声明。第一封是写给与你有冲突的人的。

我想为我上周对你说的话道歉，薇薇安。后来我意识

到我被触发了，所以没能理智地思考。对不起。我不该那样。我希望能把过激的话收回。

以下是写给整个群体的另一个示例。

我想就我上周对于新的假期计划发怒的情况做一个说明。我反思后发现我被触发了。我曾被一些看似不公平的事情触发过。很抱歉我反应过激了。如果可以重来一次，我会说："我对这个计划感到抵触，我想在投票前花一两天时间考虑一下。"

你会注意到，这些示例中不包括寻求安慰。相反，我建议使用这样的句式结构，"如果可以重来一次……"或"我希望我能收回自己的话"。我认为，只有当你和对方事先同意将你们的关系处理视作一条治愈和成长的道路时，寻求安慰才是合适的。大多数群体都没有做过这种事先的约定，或者至少大多数工作群体都没有。

然而，无论你是哪种群体的一员，一旦你了解了触发原理并学习掌握了处理这些触发情况的工具，我强烈建议你主动把这些练习介绍给你周围的人。世界需要更多懂得自我调节、自我帮助和自我负责的人。当你带头这样做时，别人往往会感谢你。

FROM TRIGGERED TO TRANQUIL

11

当我在领导的过程中

> 在你领导的群体中，人们会被触发。你准备如何巧妙地解决这个问题？

如果你领导或推动商业会议、个人成长小组、社区或教会，或者你在学校甚至大学教书，你就会希望群体中的人有足够的安全感、愿意提供他们最好的资源，并且愿意关注你所做的事。当群体成员感觉不到应有的安全感时，这个群体就不会充分发挥出发展潜力。如果一个人被明显触发，这会影响整个群体。在这个人重获安全感或恢复平静之前，整个群体都会感觉到出现了一些状况。你的工作就是意识到此类事情的发生。

你现在可能已经知道，世界上到处都是在情感方面没有安全感的人——无论他们是否被触发。其中一些人会出现在你所在的群体中。对这些人来说，在群体中会使他们更容易被触发。我经常对我的听众说自己所观察到的，几乎每个人在进入一个群体，尤其是进入一个新的群体时，看起来都会体验到更多的社交焦虑。当我说完这句话之后，大多数观众都点头表示赞同，就好像在说他们自己。

你觉得你也是这样的吗？如果是，这可能是一种优势。由于你的神经系统对此类事情更为敏感，你可能更容易发现群体成员微妙的情绪变化。如果你不是这样的，只要你知道该注意什么也没问题。这就是本章要讲的内容。

工作群体与成长小组

如今，即使在商业领域或社区中，大多数人都听说过被触发或者被按到按钮。早在 20 世纪 80 年代初，我就开始就这个话题进行演讲和写作，当时这个概念还鲜为人知。从那以后，这个话题的关注度有所增加。如今，即使是在工作群体中，群体领导引入的一些工具也并不稀奇。大多数领导层的实践对工作群体和个人成长小组都有很大用处，但你需要做些调整来适应你的实际背景。

在个人成长小组中，领导者通常会一开始就承认触发情况不可避免，然后提出一些基本规则，建议视触发情况为群体构成的一部分(参见“领导力实践和干预”)。

在工作群体中，这通常不是常态。但是一旦你能熟练处理自己的触发情况，你就可能会发现在商务会议中偶尔冒险是有用的——比如介绍一些暂停群体活动或在群体活动暂停结束后进行复盘或修复的想法。你越经常自己练习，你就越能准备好随时做出调整，以使这些工具适应群体需求和群体文化。

领导力准备

在你领导的群体中有人会被触发。你准备如何巧妙地处理这个问题？如果你已经处理过自己的触发事件，并且整合了触发原理的五个步骤，这就是一个良好的开端：你接受触发情况的发生；你了解自己独特的触发因素；你经常做暂停、自我调节和带有同情心的自我探究练习；你可以根据需要进行修复，并且能够固定使用一个简单的修复脚本，而不是将修复作为一次机会，用来捍卫你自己的立场、被他人倾听或者解释你的良好意图。如果你做了以上这些事，表明你愿意敞开接受触发情况以及持有宽宏大量的态度。这种态度将被微妙地传达给群体。你明智的想法会影响群体文化。如果你想尝试教这些知识，但你又认为领导需要掩饰自己被触发的情况，那么群体也会采取这种态度。这可能会影响到成员，他们也会试图否认或掩饰他们的触发反应。但这样做时，他们的大脑高级神经中枢功能仍将处于“离线”状态，这样无益于提高他们的沟通能力、解决问题的能力和合作能力。

也许对于一个领导者来说，最重要的事情可能是了解自己被触发的敏感因素是什么——因为如果他们被触发了，还继续在被触发之处无意识地做出反应，他们会很快失去群体成员对他们的信任。这并不意味着领导者无法通过巧妙的修复重新获得群体的信任。但是，我们的目标是在深陷反应模式之前及时注意到触发反应。

练习：视触发因素为导航

以下练习可以帮助你识别任何与领导力相关的触发因素。

想一想你担任领导角色时，被群体成员的行为触发的情景。对方做了什么事情？你有什么情绪和感觉？你的应激假想是什么？你的应激行为是什么？你如何定义他们的行为？

当你回顾这些假想和与之相关的恐惧时，你是否发觉有一个熟悉的主题？是否有什么东西让你想起了你年幼时或曾经在一个群体中的痛苦经历？

当你注意到年幼的自己（或你痛苦、敏感的部分）也有过这种经历时，你感觉如何？

反复做这个练习，训练自己，让自己真正善于发现与领导力相关的触发因素。一旦你擅长这一点，作为群体领导被触发时，你就能以一种不会对群体造成分裂的方式处理问题。这是我们的目标。在你实现这个目标前，你作为领导被触发时可以选择主动，并且要求每个人都一起停下来，保持静默，同时关注自己的呼吸和身体感觉。在暂停结束时，如果你所领导的是一个个人成长小组，你可以邀请成员分享他们的想法，包括被要求停下来时或是在暂停期间有什么想法。他们觉得停下来有帮助吗？他们能利用这段时间自我调节吗？有恐惧假想、想法或记忆出现吗？如果你正在主持的是商务会议，你可以促进这种类型的交流。比如你可以说：“好的，请大家集中注意力。我们现在可以回到议程上来了吗?”有关更多建立群体领导力的信息,包括触发时如何停下来,请参阅“领导力实践和干预”。

群体中常见的触发情况

正如我注意到的,在群体中很多成员的安全感会自动受到挑战。一方面,要从一群人身上得到你想要的东西比从一个人身上得到困难得多。另一方面,有些在应对权威方面存在问题。有些人会本能地与领导者或其他成员竞争。有些人会花费大量精力在外表、智力、地位或个人权力方面与他人比较。一些性格类型的人核心恐惧是被重视还是被忽视,一些人的核心恐惧是有关自主性和从众性的,还有一些人的核心恐惧是关于连接和被孤立的。下面列举了一些群体成员最常见的触发问题和事件,也提出了领导者如何做的建议。记住,任何领导者能做的事情,勇敢的群体成员也可以完成。

◇ 批评 ◇

例如,假设成员 A 对成员 B 进行批评、指责或评判。成员 B 被按到了“害怕被指责”或“害怕被批评”的按钮。作为领导者,当一名成员评判或批评另一名成员时,你需要密切观察触发迹象,然后执行以下一项或多项操作，来维护群体的和谐：要求暂停群体活动；做“轮流发言”（一种集体意识练习，每个人说一个词来描述他们当前的感觉状态，参见“其他辅助工具”）；关心、安慰成员 B 或与其分享你自己的其他感受；也可以同时关心、安慰成员 A，或与其分享你自己的其他感受。

◇ 解读 ◇

当成员 C 转述成员 D 所说的话，但插入了自己的解读或假设且解决或假设有违成员 D 的本意时，触发事件也会发生。成员 D 被按下了“害怕被误解”或“害怕被无视”的按钮。作为领导者，当一名成员解读另一名成员的话语时，你需要密切观察触发迹象来维护群体的和谐，然后暂停群体活动；关心、安慰成员 D 或与其分享你自己的其他感受；也可以同时关心、安慰成员 C 或与其分享你自己的其他感受。

◇ “砰”的一声 ◇

成员 E 提出了他认为有用的意见或想法。但没有人回应这项提议。“砰”的一声，这个人被按下了“害怕被无视”或“害怕我的发言无关紧要”的按钮。如果发生这种情况，领导可以与成员 E 交流他所注意到和想象到的事情，询问他感觉如何，关心、安慰成员E或与其分享自己的其他感受。比如："我注意到在你说出你的提议后，大家都沉默了。我想你现在可能有些情绪，是吗？"

◇时间不足◇

在一个小组中，要求每个人都要就一个想法分享观点或讨论发言，但在会议即将结束时，并不是每个人都有机会发言。某位成员可能会想，时间不多了，如果我真的有机会发言，轮到我的时间也会很短。该成员可能会被按下"害怕不重要"或"害怕被忽略"按钮。作为领导者，请注意时间，时间不足时提醒大家，问问所有在座的成员是否有人对此有任何感受。

◇建议◇

领导者通常会向群体中的个别成员提出意见、建议或提醒。但是，如果有人对批评特别敏感，并且对领导是否宽宏大量保持警惕，那么此人可能会被他的应激假想触发，认为领导是严厉的、刻薄的或麻木不仁的。而且，身为领导可能会成为成员核心恐惧的投影屏幕。如果你因此被触发，那么这将是你当前一段时间的"任务"——你要坦然承认自己被触发了，要求暂停群体活动，并在必要时进行修复。

此外，其他成员可能会因为看到领导给他人提建议而被触发。有时，领导找谈话的人不会被触发，但其他人却会被触发。就好像有些人一直在密切观察领导，看他们是否足够宽宏大量。一个简单的提醒可能会被一些成员视为批评、贬低或是这个人被优待的凭证。

作为领导，在你提出意见或建议后，要警惕细微的触发反应迹象。但要记住，你难以避免按下某些人的按钮。如果你发现你的行为触发了某人，你要对自己做出的任何不当行为负责，也可以对群体说："如果可以重做一次，我会……"

◇ 焦虑表现 ◇

假设成员 F 被邀请发言(或者轮到他发言)，但他无法连贯地发言。他有冻结反应。他的发言语无伦次。站在公众面前或者不得不在公众面前表现自己的这件事触发了他。许多人在与两到三个人以上的人交谈时会表现出严重的焦虑。这可能是一种触发反应，源于幼年在学校或其他群体中，对于把事情做对(或没把事情做对)感到压力重重。

作为领导者，注意如果你感受到了任何不耐烦或挫败的感觉，请立即进行自我安慰。你可以向群体透露一个你自己在群体面前舌头打结或出现焦虑行为的例子。你还可以邀请群体成员停下来自我冷静。之后,如果成员 F 愿意,你可以邀请他重新发言,或者询问成员 F 是否需要其他人对其行为造成的影响给出反馈。除非成员 F 需要,否则不要让其他人进行反馈。

◇ 群体或个人身份 ◇

有时,群体中的某个人可能会对其他人的性别、种族、性取向贴标签或者使用术语,群体中的一人或多人可能会评判这种行为,认为这是麻木不仁或者并不恰当的做法。这些人被触发的因素可能是害怕别人说出冒犯、不尊重或反对的话。作为领导,当一名成员 G 解读另一名成员 H 的话语时,你需要密切观察触发迹象来维护群体的和谐,然后可以暂停群体活动;关心、安慰成员 H 或与其分享你自己的其他感受;也可以关心、安慰成员 G 或与其分享你自己的其他感受。身为领导,要时刻留意触发迹象,尤其是当成员给他人贴标签或使用术语(无论这些标签术语通常看来是合适的还是不合适的)让别人感到不安或被冒犯的时候。如果你注意到有人被触发,你可以要求暂停群体活动;做“轮流发言”活动;对任何感到不安的成员给予关心、安慰或与其分享你的其他感受;也可以对发起言论的成员给予关心、安慰或与其分享你的其他感受。

◇ 羞耻 ◇

假设一位领导公开表达对某个成员的愤怒或与其划清界限，也许只是为了纠正某个成员的行为或向该成员提供建议。但这可能会触发该成员害怕被公开羞辱的恐惧。也许这个成员受过和羞耻感相关的创伤，于是会进行洪泛攻击或关系解除。作为领导，在这种情况下要警惕触发反应迹象。当你的一些言论触发了某人，你要对自己做出的任何不当的行为负责，也可以对群体说："如果能重来一次，我会……"你也可以道歉或表明你被触发了（如果真是这样的话）。

◇ 冲突 ◇

如果两名成员或多名成员之间发生冲突，这可能会触发一些成员或给他们造成再度创伤——在这些成员成长的家庭环境中曾经常发生打斗，或者有人有成瘾症、精神疾病或生活方式不规律。对这些群体中的成员来说，如果冲突没有得到解决，这可能触发他们对冲突或混乱的恐惧。

作为领导，群体中一旦发生冲突，就要警惕因此造成的反应迹象。暂停群体活动，说类似这样的话："有时，群体中发生的冲突会令人不安，而且不仅仅是发生冲突的双方会感到不安。我建议大家一起花点时间与自己连接，让我们紧张的精神平静下来。你们愿意和我一起闭上眼睛，做四到五次缓慢的深呼吸吗?”停下来后，你可以让成员分享他们对冲突的反应，这给他们造成了什么影响，也可以问问他们现在的身体感觉如何。这也可能是做“轮流发言”活动的契机。

◇ 不知所措 ◇

当群体成员给予某个人反馈时，这个人可能会不知所措，不知如何划清边界并且提出独处的要求。其他成员可能会注意到这一点，但觉得没有必要点明。如果领导没有认识到这种情况，而其他人却认识到了，一些群体成员就可能会认为这位领导不称职。

作为领导，要警觉群体成员的压力。如果你意识到曾经没有做到这一点，做一个自我探究练习，包括自我同情，以及对在探究中遇到的任何敏感问题、恐惧和盲点负责。主动对你的任何不当行为道歉或向群体发表公开声明:“如果可以重来一次，我会……”记录下你在这段痛苦经历中学到的东西，感谢你自己乐于接受反馈和不断学习。

◇ 处理其他触发事件 ◇

除此之外，群体成员也会携带或表现出许多其他易被触发的敏感性。群体成员活在过去未被疗愈的情感问题的阴影下。不只是领导者会成为投射屏幕，群体本身也会如此。

你不可能预测到每一种潜在情况。只需对触发反应保持警觉，当你不确定时，你可以要求暂停群体活动，并坦诚接受群体成员的意见和建议。为了保证一个群体能良好运转，成员们都需要具备一起学习和成长的能力。领导者不需要什么都会。领导的工作是促进群体发展和学习，促进群体朝着共同的目标合作，以及帮助成员找到方法，发掘自己独特的天赋和资源来进一步实现这个目标。有时，当所有人在一起面临挑战时，如果领导者采取一种低姿态，并开诚布公地与其他成员共同学习或者虚心向他人学习，这些目标最容易被实现。

如果你判断有误，立即承认这一点并进行公开修复是很重要的。当领导公开承认错误时，人们往往会相当宽容——只要领导在这样做时不为自己辩解。辩解会抵消原本真诚的道歉。

首先向那些被你的行为伤害的人道歉。然后，当激动的情绪（尤其是你的情绪）平复下来后，询问大家是否愿意听你对情况做解释或说明。不要以为大家都愿意听。仔细观察每个人的反应，如果大家还没有准备好敞开心扉听你解释，就不要继续，另找时间再提此事。

领导力实践和干预

这里介绍了一些实用的群体领导力实践，用于最大限度减少、管理和熟练处理群体中的触发反应。

◇ 建立群体：目标、基本规则和领导角色 ◇

当一个群体新成立或者作为新的领导者加入现有群体时，分享你对群体目标的理解、沟通的基本规则以及你对自己角色的看法。然后分享一些你的价值观，关于如何促进群体健康、和谐发展以及你对大家工作的期望。在个人成长小组中，这些价值观可能包括尊重差异、坦诚倾听、保持诚实、敢于冒险、积极参与，以及对自己的应激反应负责。在工作背景下，你可能会强调一些价值观，比如对学习和反馈持开放态度、愿意寻求帮助、分享信息和积极主动。

向群体讲明你如何看待自己的角色、你有什么样的领导风格。你是偏向指导他人还是偏向自由放任？你是希望当成员与他人产生冲突时去找你解决还是希望成员之间自己解决？你是呼吁每个人都要发表意见还是让大家自行发表意见？如果你具有双重角色，既是领导者/引导者也是群体成员，那么你如何让人们明白你什么时候是在以群体成员的身份发言，什么时候是在以老板、领导者、导师、培训师或者专家的身份发言？例如：一些领导者/引导者会象征性地换帽子；有些人以导师身份出现时会戴珠子。

在我的个人成长小组中，我提醒成员注意我作为导师的身份时，会几次打断他们，帮助他们注意到他们所述信息背后的感受或假设，帮助他们注意到他们的易被触发的敏感性或无意识的沟通习惯。我需要与他们就此达成一致意见，这样他们在我这样做时就不会感到震惊或感觉受到侮辱。尽管如此，一些人仍然会因被打断而被触发。但在我的群体中，这是学习的机会。在我打断他们之后，我会观察触发的迹象。

一些群体一开始会与群体成员达成一致，共同使用有建设性的沟通指南，其中可能包括以下内容：不打断他人、以第一人称发言、将分享时间控制在一分钟以内，以及接受群体成员有时可能会被触发或者感到不知所措。

无论你们是否有这样的沟通指南，承认触发事件可能会发生，并就处理触发情况的方法达成一致意见都不失为一个好主意。你可以在讨论刚开始时提到，事情有时进展得相当快，这导致一些成员感到被忽视或被甩在了后面。或者，一些人会在激烈的讨论中说一些不尊重的话甚至是带有侮辱性的话。这样的事情可能引发隐蔽的和明显的触发反应。然后介绍暂停群体活动的概念：如果有人感到压力或被触发，认为其他人看起来或多或少也同样如此，就可以说“停一下”或者“中场休息”等其他容易记住的提示词。有些群体通过举手来进行非语言的提示，也有的通过摇铃或敲钟提示。如果有人发出这个信号，所有人都要停止说话，把注意力集中在身体感觉和呼吸上，让自己更加放松、理性和临在。如果你愿意，可以讲解自我调节能力对于大多数群体活动是必要的，无论这些活动是预设的问题还是亲密游戏。另外，在群体中，如果一个成员被触发，其他成员会感觉到这一点，他们自己可能也会被触发，或者至少会分心。意识到触发情况并停一下的原因是，让所有成员都能集中精力完成手头的任务。如果无视触发情况的发生，沟通可能会变得没有实效。

当我组织诚实沙龙时，我使用的方法是给每个人一个四英寸大小的圆形玩具纽扣。诚实沙龙专注于自我意识的交流。我告诉他们："我们每个人都有按钮，或者说都有可能被按下按钮。我的目标之一是帮助人们更加放松地接受这个事实，同时心态温和、富有同情心和幽默感。"我接着解释说，"如果你在群体活动中被按下按钮或被触发，请举起你的玩具按钮，让每个人都能看到它。然后，我们都会暂停片刻，做四到五次缓慢的深呼吸。在暂停期间，我们每个人都需要注意自己是否也被触发或者需要停下来。"其他像钢笔等任何物品也可以用来做提示工具。

◇ 有效暂停群体活动 ◇

处理触发反应的方法多种多样，这取决于环境、你的领导模式、群体的宗旨以及群体的发展阶段。但是，如果你与群体达成了明确的暂停协议，你的工作就会变得更加容易。这里有两种常见的场景以及处理方法：第一种是当某人被触发并要求暂停；第二种是当某人被触发但没有说任何话。

第一种场景，如果某个成员被触发并喊“停一停”，确保每个人都安静下来，做四到十次深呼吸。沉默之后，邀请其他成员分享个人感受。分享者可以是任意群体成员，而不只是喊“停一停”的人。也不是请成员讨论发生了什么，而是简短地说明每个成员自己当前的状态。这类似于做“轮流发言”活动（请参阅下面的“其他辅助工具”）。

然后询问喊“停一停”的人是否有其他需求，或者他是否希望群体继续深入修复，这样他可以做一些内在的自我探究或者安抚自己。一般来说，作为群体领导，我通常不会帮助员工在群体中处理他们的触发反应，除非这个群体就是个人成长工作坊，并且这项操作是协议的一部分。当我选择帮助他人时，我会引导他们做带有同情心的自我探究练习，同时经常会邀请群体中的其他成员也静下来这样做。然而，无论你是否决定花群体的时间，帮助被触发的人冷静下来、恢复理性，有时你都需要把群体的注意力从这个人身上转移开。在适当的时候，询问大家是否都准备好了继续前进，如果大家准备好了，告诉那些可能有更多东西要分享的人，他们可以稍后再做。然后在会议结束时，花些时间，用任何符合群体目标和群体文化的术语，与需要进一步探讨的人进行复盘、总结、修正或修复。

在第二种常见场景中，一个成员即将被触发、停止或冻结，但没有人要求停下来。当你注意到有人被触发时，对他们的反应说些安慰的话或者接受对方的应激反应，例如，“听到这句话被触发可以理解”，或“我认为有人出现了一些触发反应”。然后要求暂停群体活动，也许还可以引导进行一个简短的自我平静练习或自我同情练习——根据你群体的需要和标准进行调整。在此之后，请群体成员就以上活动做分享，可以使用任何适用于当前场景的工具。

◇ 其他辅助工具 ◇

下面是其他一些对群体有益的工具。这些工具增强了每个人保持临在状态、保持真实或自我觉知的能力。当群体成员有觉知并且保持临在状态时，整个群体都会减少挫败感，触发事件也会减少。

“我感觉到……”和“暂停”卡片：我在诚实沙龙里使用了一种工具，就是给每个人一张 8.5×11 英寸的卡片。卡片的一面写着“我感觉到……”，另一面写着“暂停”。卡片的“我感觉到……”一面是在有人发言时使用的，当沙龙中的其他人认为说话者可能已经偏离了当下的感觉，开始推理、概括或重复一个熟悉的故事时，听众可以举起“我感觉到……”的牌子，让说话的人看到。这促使说话者在继续讲话之前先自我提醒，注意自己的感受和身体的感觉。有时，说话者会在看到“我感觉到……”卡片时被触发，但在我的沙龙中，被触发是一次探究的机会，而不是需要避免的情况。

如果听者认为说话者开始进入一种无意识地重复或过度解释的模式，则使用卡片上写有“暂停”的一面。听众举起“暂停”卡片，促使说话者立即停下来，觉察自己是否表达了自己的观点，是否觉得已经表达完整了，是否对结束分享感到焦虑等。我认为很多成员容易滔滔不绝地发言，这是因为他们对听众是否理解自己感到焦虑。他们担心自己表达不清楚，或者别人可能会与他们争论，所以就一直滔滔不绝，试图找到一种表述更清晰、更无法辩驳的方式来表达自己的意思。我的沙龙成员告诉我，使用这个“暂停”卡片帮助他们在所属的其他群体中也变得更有觉知了。他们觉察到自己有过度解释的倾向，并且经常发现自己在默默地对自己说“停一停”，而且通常是带着一种自我接纳和幽默的态度说的。

如果你的群体似乎陷入困境，或者你不确定成员是否在压抑难受的情绪、状态异常或出现触发反应，那就进行轮流发言：邀请每个成员在大家面前说一个词来描述自己的感受。在组织大型群体视频会议的情况下，您可以使用聊天功能，让参与者在聊天区域只打一个词。这是一种快速诊断群体脉搏的方法。也能快速了解整个群体成员的感受。领导们经常会对反馈结果感到惊讶。作为一名领导，你可能会认为人们之所以保持安静是因为他们感到不安全，但在轮流发言之后，你可能会发现，成员们有很强的安全感。根据我的经验，领导并不总是能评估群体成员的感受。在你提问之后，你会发现人们的感受往往比表面看上去的更复杂、观点也更多样。

在个人成长小组或某些培训集团中，你可以在类别游戏中引导成员，并诊断出他们可能在情感方面承受的痛苦的程度。这个游戏还向每个人展示出，与群体中的其他人相比，每个人的感受和生活经历是怎样的。这个游戏很简单。让人们围成一个圈，然后说出不同类别的经历——比如“在超过四个人的群体中感到社交焦虑的人”或“在单亲家庭中长大的人”。任何与该类别相关或属于该类别的人都进入圆圈的中心（在视频会议中，让人们举手或使用举手功能）。进入圆圈的中心后，让每个人停下来观察谁和自己一样，谁和自己不一样，同时注意自己的感受。然后圆圈中心的人返回到圆圈外，领导者再宣布另一个类别。在这个游戏中，选择你认为可以揭露每个人容易被触发的话题或问题。例如，你可以将类别命名为“害怕被忽视的人”“害怕被误解的人”“害怕被控制的人”等。有时，你也可以邀请成员添加他们自己的类别，但他们只能命名他们自己所属的类别。这个练习根据类别的不同，可以让人们很快进入深层次的分享。这个练习还可以让你一目了然地看到，多少成员已准备好揭露自己的弱点。

领导的技能、情感成熟度和经验

一个领导不断学习会有效提高工作技能。经验很重要。但不管经验有多丰富，处理发生的事情可能都需要很高的技能水平，甚至高于你的工资等级该有的技能水平。如果触发事件没有被注意到和及时被处理，就会导致不正常的群体动态——有提议而不说、隐性竞争或拆台、不合理的投射、替罪羊、人们后撤或保持沉默等。如果一个群体没有注意到一连串的触发事件，就可能会出现倒退和混乱。

成员们本能地知道群体何时在以健康的方式运作。如果出现意外状况，某些成员会表现出群体性的无意识恐惧——有时会导致集体的不真实感或混乱感。如果你领导的群体看起来正在以这种方式倒退，这就表明是时候停下脚步进行回顾了，邀请成员和你一起关注群体的动态。以领导者的姿态让成员关注此时此刻正在发生的事。你可以建议人人都停下来和你一起回顾，注意观察群体的动态。说出你注意到的问题，并询问其他人是否也这样认为。一旦达成共识，就做出明确的引导声明，比如："只有先把这个问题解决了，我们才能继续后面的任务，我需要你们的参与。我请大家一起想想——这里可能发生了什么？大家感到安全吗？你认为大家感受到价值感了吗？是否有一些尚未解决的问题、尚未修复的触发事件或者过去的冲突导致大家产生了不信任感？有没有人注意到或感觉到这些问题也可能对我们有帮助？"

随后的讨论可能会解决问题，也可能无法解决问题。但不管问题是否能解决，这样做仍然值得。即使你徒劳一场，群体依旧处于混乱当中，但这样做也会使你和群体有所学习。如果你想进一步深入，向比你更有经验的人学习如何从更宽广的视野看问题。治疗师有时需要被监督。群体领导也同样如此。

群体活动复盘、修正和修复

有几种很好的方法可以让被触发的群体结束活动。这也可能需要结合群体的其他结束活动的仪式或做法进行。换言之，这些方法要与群体活动结束时通常的做法相结合。评估群体思想状态的一个很好的方法就是进行轮流发言。另一个方法是就触发事件提出一些具体问题，例如以下问题，并要求大家举手回应。

今天有多少人在群体活动中被触发了？在这些人中，有多少人仍然有些烦躁或焦虑不安？

有多少人仍然对________（触发事件中的参与者）之间的互动感到有些震惊？

有多少人觉得有必要在今天的会议上花一些时间复盘这件事？

有多少人打算稍后找某人谈论群体中发生的事情？

如果两个群体成员发生了冲突，并且人人都目睹了事件的发生，你可以指导他们填写一份修复声明（见“缓和气氛”）。根据你的目标或情况调整脚本，或许可以将修复声明简化为几句话，例如：

当我（看到、听到、做过、说过）________时，我已经被触发了；如果可以重来一次，我会说明是我对________的恐惧被触发了，我需要你的帮助让我感到________。

然后让发生冲突的成员在群体面前互读他们填写的脚本。作为领导，你可能需要帮助他们找到合适的词来描述他们的经历，他们也可能需要帮助来坚持自己的脚本。不熟悉修复声明的人可能会回到旧有的沟通习惯上，比如试图解释和为自己辩护，或者告诉别人他们本应该怎么做。如果发生这种情况，你需要主动打断，可以提醒大家简单明了地使用第一人称说话，避免再次触发他人。

在此之后，请部分或所有其他被触发的成员朗读他们填写的脚本，并将第二句修改为："如果可以重来一次，我会承认我对________的恐惧被触发了，我需要感到________。"最后，鼓励一些人对刚刚目睹的事件向他人表达感谢。

◇ 其他修复创伤和终结冲突的情况 ◇

作为领导，如果你和群体成员发生冲突，你可以用相同的过程进行修复和终结冲突：双方填写一份简短的修复脚本，然后在群体成员的见证下相互朗读脚本。如果是针对一名成员按下了很多人按钮的触发事件，则需要非常小心地处理，防止推诿责任或寻找替罪羊。在这种情况下，我建议让每个人填写调整后的修复脚本，重点是承认自己的敏感导致了触发反应。例如："当我听到你说'现在不行'时，我被触发了。可能是因为我害怕被拒绝。我需要感受到被尊重和被欣赏。"然后，在确认群体共同渡过了难关后结束这项修复。并且让每个人思考他们从中学到了什么，以便将来能够更加灵活多变地处理此类事情。

一些群体性事件造成的伤害和恐惧没有被关注到，或者只被部分关注。事件不是总能结束。如果你认为一些群体成员离开时带着不安的情绪，你可以考虑事后与他们联系，私下交谈。选择与那些你认为受伤害最大的人，或者那些没有良好自律习惯的人谈话。

我的个人哲学是：我们到死也处理不完所有的事情，并不是所有的事情都能解决到让所有相关人员都满意的程度。生活可能会一团糟。做事的动机千差万别。无论发生任何事，我都只是一个人，我无法阻止每一个不幸的结果，也不能让每个人都快乐。我的工作是，在生活中出现的每种情况下都尽我所能做到最好，尽管有时我会达不到别人对我的期望。如果在我的生活中有什么经验促使我得出这样的结论，那就是我领导群体的经验！

◇ 群体是一个缩影 ◇

在结束本章之前，我想强调帮助群体成员学会与痛苦的情绪和人际冲突共存的重要性。在我看来，人类集体的发展任务是越来越善于看到和处理复杂的事实（从糟糕的婚姻到气候危机）。这样我们就可以做出必要的改变然后继续发展。如果我们要以合作的方式来做决策和寻求改变，我们就需要带着尊重的态度与那些和我们看待事物截然不同的人进行交流。为此，我们需要准备好随时运用高级大脑神经中枢。差异容易按到按钮，自动使我们开始运用蜥蜴脑。人们很容易陷入应激反应模式，比如责备他人，或者把自己不承认的部分投射到对方身上。深入探究我们的触发反应和未被处理的情感问题，或者拥抱我们拒绝承认或抛弃的部分并不容易。

与他人合作进行内在工作是一个变得完整的过程。我称之为“完整自我”——这意味着通过发现或重新连接我们被拒绝的部分，使我们自己更加完整。当我们把这项工作视为终生实践时，我们就会了解和体现出一个完整自我的过程。这让我们不再试图“在问题的层面”（也就是说，从与问题产生的同一意识水平）解决问题。我们的视角和认知选择的范围以及感知选择的范围不再受限，不再局限于避免情绪不适或远离麻烦的狭隘的利己主义。这就是问题产生的意识水平。为了推动完整自我的过程，我们需要启发群体成员，让他们乐于接受复杂的事实和痛苦的挑战，并把这些视为一个契机，来让自己变得更加完整和有更高的境界。公开分享个人经验有助于每个人学习，也有助于疗愈整个群体。当我们致力于完整自我时，我们会意识到内在工作（关注我们曾被忽视的部分）和世界工作（创造一个服务每个人和每种生命形态的世界）是不可分割的。

FROM TRIGGERED TO TRANQUIL

12

世界局势

> 真正的力量和智慧，使我们能够应对当今世界的复杂局势，这需要系统所有部分的综合投入，包括脆弱的部分。

我们的世界正在遭受错综复杂的危机。我们清醒地意识到世界面临着气候危机、失业危机、文化战争、心理健康危机、阿片类药物泛滥危机、流浪人群危机、难民危机、饥饿危机和自杀危机。此外，许多国家还存在贫富差距悬殊、战争或开战威胁、种族主义、气候移民和法西斯主义抬头的危机。在美国，我们看到在民权、公共卫生、医疗保健、节育、种族和性别平等、企业权利、食品安全、环境保护、教育和贫困等方面，两个党派提倡的政策迥然不同，两极分化日益加剧。写这段话时，尽管我在尽量使用客观的语言，但我依旧能够感觉到我的神经被牵动了。我们大家共同游泳的汤池已经到达了沸点。每个人都受到了影响。当然，一些人受到的影响更大。

你看一篇新闻报道或看新闻频道，是否会感到生气、沮丧、无助、不知所措、暴怒、恐慌、抑郁或恐惧？随着看似无法解决的问题越来越多，压力过大的人数也在不断增加。在 2020 年，《华盛顿邮报》报道，三分之一的美国人经常感到焦虑或抑郁，或者处于慢性焦虑或慢性抑郁状态。同年，《福布斯》杂志刊登了一封来自洛杉矶一位急救医学专家的信，信中写道："拨打自杀热线的人数在过去半年里增加了600%。"我们感受到的压力越大，就越容易激动，也会越容易受到特殊利益集团的操纵。他们试图操控我们的情绪或者在我们状态失调时趁机推动他们的计划。如果我们想在这个混乱的世界中保持平和、不受干扰，我们需要培养良好的自我调节习惯。

心理学家和许多活动家已经发现，有效的行动是治疗焦虑和抑郁的最佳解药。但是，当人们被触发时，又如何能有效地行动呢？当我们被触发时，我们能够解决问题的大脑高级神经中枢就会被阻止运行，使我们无法清晰地思考。

如果我们想参与解决问题，而不是将个人问题投射到集体意识中，我们需要学习如何将个人的触发反应与实际发生的事情分开。一旦我们擅长这么做，我们就可以用个人情感来激发心中的怒火，采取有效的行动或进行哀悼。这正是本章的内容：如何把我们敏感的情绪作为燃料，对任何世界性的问题做出真实、有效的回应，同时能够很好地调节神经系统，将我们的应激行为和应激假想与实际需要做出的改变区分开来。无论是为了在这个世界上行善，还是仅仅为了从虚幻中看清事实，我们都需要为自己的内心状态做主。

把世界看作自我认知之门

我在工作中听到了大量人们最惧怕的事和触发因素。一位名叫丽塔的客户透露，每当她读到美国政治两极分化的文章时，都会被触发。当她听到新闻播音员、邻居和亲戚给和他们有政治分歧的人贴贬低性的标签时，她就会出现触发反应。

当我和丽塔探讨她的应激感受时，她联想到在 10 岁或 11 岁的时候，她曾在学校发生的几次经历。作为一名墨西哥裔美国人，她在学校里属于少数群体。这个年龄的孩子在探索个人力量和成长的过程中可能会口无遮拦。丽塔作为墨西哥人受到了嘲笑和贬低。当她回忆起童年的这些场景时，最让她伤心的是被辱骂和受到种族歧视。通过我和她做内在工作后，她能够把这些经历看作通往更深层次的自我共情和自我支持的通道。当她允许自己带着觉知哭泣并且感受这些伤害带来的影响时，她与自己内在遗失的部分建立了更多的连接。她没有评判自己的应激感受，而是学会倾听这些感受，真正关注它们，并带着同情心拥抱它们，就像拥抱一个自己深爱的孩子那样。

在学习这样做之前，她会完全陷入不知所措当中，这导致她关闭心门并后撤。现在她更愿意直面痛苦而不是逃避。她逐渐会把这件事作为原因，告诉周围的朋友和邻居。每当有人用尖刻的语言贬低他们不赞同的人时，她都会站出来说出自己的感受。她会说类似这样的话："你知道吗，我童年时期生活在一个以盎格鲁人为主的社区里，只因为我是墨西哥人，我被别人贴上了很多侮辱性的标签。所以你这样说话刺痛了我。我更愿意听听你和这个人之间具体发生了什么，他们实际做了什么或说了什么，以及你是被怎么影响到的。我很想知道的是你的想法和感受。我听到诸如'疯狂'或'无知'之类的标签时，会难以忍受，我不知道你指的是他们做了什么……或者为什么这会困扰你。"

我认为丽塔的故事说明了找到我们触发反应的根源有多大帮助。这样我们就可以把我们周围世界所发生的事情视为通往更深层次的自我认识、自我同情以及社区行动的门户。也许更重要的是，在丽塔学会感受自己的伤害而不是否认伤害之后，她对触发她的朋友和邻居变得不那么自以为是。她没有保持沉默也没有对别人说闲话，而是感到有力量和勇气为自己说话。在她自己的社交圈中以她自己的方式说话，这使她成为有建设性的政治对话的领导者和拥护者——这种对话方式基于分享发生的真实事例，而不是去辱骂、影射和贬低他人。通过处理自己的触发事件，丽塔找到了她自己对这个问题感到激动的源头，这使她的领导力更加有效和引人注目。

公民不服从

当一个社会需要深刻的结构变革而当权者剥夺了某些群体的

基本人权时,公民不服从或者游行可能是唯一可做的选择。一个人由没有食物、没有住所以及缺乏身体安全感,所造成的创伤与我在本书中讨论的心理创伤有很大差别。但是,仍然值得关注的是,人们对不公正的权威做出的反应,哪些是没有建设性的,哪些是更为理智的。

丽塔的故事说明,当我们肆意使用煽动性语言、给他人贴负面标签和含糊下结论时,我们需要注意自己的信誉可能也会被破坏。我相信我们可以带着批判性思维发表充满激情的言论。我们可以不用在自以为是的情况下提出正义的观点。我们可以义愤填膺地阻止某些事情,但不被愤怒冲昏了头脑或者触发他人,引发他人做出危险的行为。如果我们按照本书中的建议做内在工作,一旦我们失去理性、煽动他人、自以为是或者机械重复时,就能及时觉察到。如果我们应邀领导或组织任何形式的公民抗议活动,我们就必须学习所有优秀领导者的方法。我们的力量在很大在程度上源于我们合法的言论、真诚的呼吁、具备清晰画面感的描述能力以及指明现实选择的能力(而不是从应激反应和煽动混乱的角度说话)。我们必须明智地发声。

记住,一个优秀领导的行为会促进“整体的善行”。我们也许会提倡重新平衡权利或资源。但我们的最终目标是让整个系统更有效地运作——为每个人服务。人们会质疑整体系统观点,他们不理解系统各部分间的整体关联性,即我们都是整个系统的一部分。这些政党可能会主张分裂,把问题描述成我们在反对他们。他们可能会持续不断地刺激我们的杏仁核，因为他们知道这会降低人们的工作效率。这种分裂策略从来都不是有效的长期战略。

如果我们学会了从内在处理触发事件，我们就不那么容易受制于这种操纵和精神控制。当我们能主动调节自己的神经系统时，我们的大脑就不会被那些狡猾的人操控。我们会从骨子里理解构建整体系统的过程，因为我们已经学会了平衡内部的分支系统，愿意主动看到、听到、接受和去关爱我们被忽视的部分。当我们拥有达到整体系统这一层级的意识时，我们的行动更有可能与宇宙实际运行的规律保持一致。我们知道，当一个系统能够照顾到每个人的需求时，人们就没有必要患得患失。患得患失会导致冲突和混乱。因为我们观察到了恐惧是如何挑战我们的神经系统的。健康的人类系统的标志是，无论是一个人、一对夫妇还是一个国家，各分支部分都能够进行良好、冷静的沟通。这促使我们做出正确的决定。但当我们的生存警报响起时，我们的各部分很难听到彼此的声音。

内在工作如何支持外在工作

另一个来自客户吉姆的故事说明，内在工作可以帮助我们应对世界范围内的悲惨新闻、政治动荡、经济衰退、社会不公和其他困难事件所引发的问题。

在 2020 年新型冠状病毒大流行期间，吉姆对他的家庭状况以及美国政府对经济衰退的反应感到不知所措。吉姆的子女失业了，他甚至不确信自己会不会失业。当他看到联邦的不公正做法时，他被激怒了。联邦与和政府有政治关系的大公司签订了明显利益倾斜的合同，并给它们过多的经济援助，却忽略了像他所服务的公司这样的小企业。吉姆感到这对自己很不公平，他总是为自己敢于站出来维护公平正义感到骄傲。事实上，有时他对社会不公的现象反应过于激进，以至于他的朋友们会对他说："我不能再和你讨论这个问题了。"这一次，吉姆的触发反应强烈到怒不可遏，无以言表。他感到不知所措和无助，几乎瘫痪了。除了工作，他想做的就是通过吃食物和看电视来分散自己的注意力。

吉姆决定做带有同情心的自我探究练习，当他想到最近遭遇的不公平时，就感觉到胸部和身体非常沉重。于是他先闭上眼睛，关注呼吸。当身体放松时，他才能够激活内观的动力，允许自己不愿意以这种方式经历这一切。这样，他既体验了观察者，同时也体验了被观察者。然后他重新关注身体的沉重感，允许这种感觉存在，同时深呼吸，从内在打开空间来容纳可能会发生的任何事情。带着一种更宽广的内在觉知，他观察到沉重感变得越来越强。他怀着好奇心，持续关注着感受的变化。很快，他意识到这种感觉开始变得难以承受，于是睁开眼睛，环视了房间一分钟。他站起来晃了几下胳膊，然后再次闭上眼睛，继续做自我探究练习。当看着自己的感情和感觉在流动和变化时，他突然感到非常害怕。随着童年记忆的浮现，他有意识地保持缓慢的深呼吸。记忆中的吉姆大约七岁，隔壁房间发生了让他感觉充满暴力和失控的事情。他听到了很大的声响。打开门后，他看到父亲正在向母亲扔椅子，而他的姐姐在试图阻止。小小的吉姆被吓得两腿发软，像要瘫痪了一样，难以动弹。他的嗓子发紧，想要说话却一点声音也发不出来。小吉姆退回到卧室，躲在被子里，感到无助和麻木。

当吉姆主动回忆这段心理创伤带来的恐惧时，他带着同情心目睹着这段记忆。他能够带着觉知、充满同情心地为这些恐惧留出内在空间，同时有意识地保持深呼吸。眼泪流了下来，他抽泣了一会儿，任由身体颤抖着。很快，泪水平息时，他意识到这是充满悲伤的泪水，他为年幼的自己还那么小就得处理那么大的问题感到悲伤，也为他的处境教会他害怕冲突而不是以平衡的方式处理冲突而感到悲伤。他对待冲突的方式一直都很极端，要么占领上风，要么被迫屈服，没有中间。当人们以这种方式处理人际冲突时，就意味着他们被触发了。

吉姆带着难受、悲伤和脆弱的感觉坐着，将这段经历的不同碎片整合在一起，直到他很快感到既放松又充满活力。他注意到自己的呼吸变得平静而沉稳。他的身体感觉很轻盈也很放松。就好像一个重物已经被举起，他可以更自由地移动和呼吸。

经历了这个过程后，吉姆告诉我他感到更加自信了，内心也变得更加平静。他非常确信自己会再次被不公正的事件触发，但愿意继续就这一问题不断自我反省。当他回顾成年后的自己面对公平和正义的问题时，他意识到自己有一种反应模式，就是“要么见红，要么沉默”。他对周围不公正现象的反应要么太强烈，要么没有力量。但当他听到自己使用“武力”一词时，这引起了他的注意。他开始更加关注如何处理日常生活中由公平问题引发的冲突，并问自己：只有当我感到有力量和自信时，当我知道自己占上风时，我才相信自己吗？我是否被当今世界复杂的困境弄得不知所措，再也感觉不到自己的力量了？这就是我退缩的原因，也是我感到如此消极和无精打采的原因吗？我失去敢于说话的能力了吗？

当他从原生家庭（以他父亲为代表）中反思自己与不公正的当局之间的关系时，他意识到自己曾作为一个孩子总是感到多么无能为力。吉姆的爸爸经常对他大发脾气，而他并不知道自己做错了什么，也不知道爸爸想让他怎么做。这让他不知所措，不知道该做什么或说什么。作为一个成年人，吉姆认为他已经克服了童年时那种“我做得不够”的感觉。他认为自己已经成长为一个有力量的人——一个更强壮、更自信、比他父亲更有威信的人。现在他明白了，为了显得有力量，他付出了代价。他形成了一种僵化、死板的人格结构，心理学家称之为专制人格。他否认了自己被父亲严厉批评和攻击吓坏的部分，也否认了自己不知所措的部分。他完全忽视了那个蜷缩在被窝里的七岁小男孩。当他的这部分被紧张而复杂的世界局势——一个被强有力的、不妥协的、看似不公的权威所控制的局面——所触发时，他陷入了萎靡不振的状态。

吉姆仍在努力整合自己心灵的这些碎片，对他被不公平触发后的反应进行自我探究，并在自问自答中找到了很多答案。他发现了真正的价值来自停下来，与自己的触发反应同在，并重新连接自己长期否认的部分——害怕感到不知所措的部分以及无能为力的部分。展望未来，吉姆能够通过意识到自己害怕的方面来调节自己的力量，这会帮助他学会以一种更平衡的方式表达自己的需求和价值观——将自信与谦卑融合在一起。他决定加入一个男性群体，这个群体专注于分享压抑的情感和阴影部分，他正在学习承认自己需要帮助或指导。随着他不再害怕不知所措时，他不再那么刻板，而是变得放松了。这个男性群体是一个很好的团体，那里让他探索到，世界形势是如何帮他与那曾被否认的恐惧和不安全感相连接。他知道他走上了永无止境的探索旅程。

触发事件是一次唤醒

有时，我们认为的坏事其实对我们有好处。有时我们需要让一些不愉快的事情震惊到我们，让我们更好地关注没有意识到的事情。我在有关夫妇个案的工作中，经常看到一方或双方承认，他们需要外在的某些情况（在这个案例中，是指艰难的婚姻）让头脑疲惫不堪，从而关注到寻求内在改变的需求。

一位名叫瑞秋的客户描述，她在研究婚姻中的挫折时也有同样的认识。她反思道："当我一开始咨询时，我以为我嫁错了人。比如，为什么我会想和一个让我如此心烦的人在一起，他常常让我感到如此不被爱和不被保护？但我现在明白了，责备他不是解决的办法。我看到我的许多人格防御机制和恐惧假想都与童年未被疗愈的伤害有关。我看起来束手束脚，充满防备，并没有真的感受到太多感觉。我内心有一种完全被压抑的痛苦，但我害怕感受到这种痛苦，这种恐惧在折磨着我。

“与鲍勃结婚迫使我意识到自己有多少不安全感，我总是看着别人，等待别人让我失望。一旦他做出一些粗心的事，我就会想，我对他不重要，我是被忽略的。然后我就会感觉到胸口有一种压迫和紧绷的感觉。通过咨询，我学会了与这种感觉在一起，去感受它，带着好奇心看看这会把我引向何方。这让我发现了自己孤独的一面。10 岁那年，我的父母没有时间陪我，年幼的我感到如此孤独。他们有一些赛级犬，这些赛级犬吸引了他们所有的注意力。此外，当我放学回到家的时候，妈妈已经喝醉了。最近，我学会了关爱和照顾自己内在孤独、受伤的部分。我仍然为年幼的自己没有得到关爱感到悲伤。但我感觉自己变得更坚强、更好了。现在我和鲍勃在一起的大部分时间都很开心。我会说出自己想要什么，这很有帮助。我过去常常要么一味抱怨，要么扭头走开。”

在瑞秋的案例中，她对丈夫的触发反应唤醒了她，使她意识到自己那被否认或忽视的部分。但我们对任何外在事件或世界性事件的反应也可能起到同样的作用。在我的教练实践中，我看到越来越多“正在发生”的情况——从公司逃税到司法机构不公正的裁决——触发人们意识到内在不被承认的阴影和隐藏的痛苦。

过去被隐藏（无意识）的东西正在进入意识。请思考这三个例子。

一位女性发现，每当前总统唐纳德·特朗普公开贬低质疑他的记者和官员时，她就会被触发。当她深入探索和回忆由此触发的感受时，她忆起了一些被遗忘的童年经历。当时她的妈妈非常自恋，总是辱骂和嘲笑她。当她同情孩童时期那个害怕自己不讨人喜欢和一文不值的自己时，一股愤怒涌现出来。当她探索这个愤怒的部分、允许这部分面对辱骂敢于为自己说话时，她意识到这种愤怒代表了她的内在保护者。这种长期被否认的情感是内在的呐喊："你不能这样对待我，必须停下来。"这部分自己知道她真正需要什么，也有勇气表达这一点。正是她害怕对母亲直言的恐惧压抑了她内在的声音。在做了这些内在工作之后，她与伴侣的关系发生了变化。作为一个成年人，她现在有力量清晰地表达自己当前的需求和边界，而不是像门垫一样被随意践踏。她发出了自己真实的声音，而不再认为她总得适应别人。

一名男子看到电视新闻报道警察暴力事件时，发现自己被触发了。在探索自己的触发反应时，他能够坦承自己的悲痛源于他偶尔施暴的父亲，他是由父亲抚养长大的。作为一个孩子，他从未感受到安全，他的大部分精力和注意力都集中在保护自己免受身体的伤害上。通过做带有同情心的自我探究练习，他学会了把自己在电视上看到暴力时的反应，作为一个自我共情的机会，安慰内在恐惧的部分——被他认为是软弱的部分，承认恐惧是对身体暴力威胁常见的正常反应——特别是当你很幼小而对方很高大的时候。自从接受了内心的恐惧，他能够更加现实地评估出生活中的哪些事件是真的危险，哪些并不危险。然后他可以根据需要采取行动，或者在没有真正威胁的时候放下。

另一名男子发现，在特朗普执政期间，每当共和党政客重复总统散布的谎言或者为其辩护时，他就会被触发。当他探究自己的触发反应时，他回忆起一些童年的经历。酗酒的父亲会训斥和贬低他，而他的母亲默许了这件事，只是静静地看着。在他处理了这些痛苦的回忆后——他拥抱和承认了内在恐惧的部分，并将这部分与内在的保护者整合在了一起——他终于能够在父母双亲去世前与他们冰释前嫌。

在所有这三个案例中，当案主看到自己被世界形势触发时，他们持续做内在工作。这使他们培养了更加有效地为自己辩护的能力、维护自己的需求和价值观、指出错误的行为，或者捍卫自己的信仰。

生活希望我们疗愈、变得完整

正如这些故事所示，有时我们需要被按下按钮，这样才能看到我们还有一些内在疗愈需要做，这样我们才能学会接受和关爱我们被忽视的部分。精神的痛苦可以打开疗愈的门户，并让我们采取有效的行动。当我们学会对自己的触发反应保持好奇和敞开接纳的心态，允许我们的注意力跟随痛苦或不安的感觉任意流动，我们就会与自己的某些部分、被压抑的自我表达或者潜在力量建立一种带有更多同情心的全新关系。这些部分包括被丢失的、被拒绝的和受伤的部分。通过参与这种自我疗愈的实践，我们感到自己获得了力量，能够面对我们周围世界中痛苦的现实，而不是出于普遍对不安的恐惧而无视这些现实。我们学习体现整体创造过程，这是我们自然进化的命运。

有意识的幸福生活会将我们带向完整。当我们与生命法则和谐相处时——这些生命法则包括我们称之为上帝、道、神性、伟大的精神、本性、构思智能或其他什么——我们的个人力量在与生命法则的力量结合后得到加强。这可能说明了生活推动我们走向的范式产生了变化。首先出现一系列无法解决的问题，这些问题可能会让我们不知所措、缺乏应对的能力。经过进一步检视，这些问题可能是通往潜力提升之路的门户。当我们全然面对、探究我们认为会压垮我们的痛苦现实时，这些潜力自然会浮现出来。

英雄之旅

古代神话中关于英雄之旅的故事教会我们，每一个人的生命，包括你的生命，都对整个世界有贡献。在这一生中，你会遇到各种“枪林弹雨”。你的生活方式影响着整个世界。英雄的工作是用生活中的任何挑战来提炼内在和外在的看法以及存在的方式，这样最终我们每个人都能到达制高点，看到我们个体的生命是如何与生命本身密不可分的——我是所有生命的一部分，所有一切都在我之内。英雄通过进入潜意识的空间，学习如何让潜意识进入意识来实现这一点。

如果你的外在生活与你的内在或者你所属的整体太过脱节，生活会做它所做的事情来吸引你的注意力——通常是在你的外在世界制造痛苦。一旦你失去平衡，生活就会让你一直忍受，直到它找到恢复平衡的方法。如果你异想天开、以自我为中心（就像工业化国家对待自然界的态度一样），生活会压制你。如果你像吉姆一样，试图表现得过于强势和自大，否认自己害怕、贫困和脆弱的一面，生活将带给你挑战并让你屈服。真正的力量和智慧，会使我们能够应对当今世界局势的复杂性，这需要系统所有部分的参与，包括脆弱的部分。如果某些部分被切断连接、被束缚、被压抑或被拒绝，最终的行动将效果不佳。

触发反应是生活的一种提醒方式，让我们关注我们一直否认的东西。世界危机也是如此。生活通过制造世界危机引起我们的注意。同样，当今的问题看起来如此庞大和复杂，让我们本能地想要从另一个角度看问题。无论我们谈论的是世界问题——如气候危机和贫困，还是内在问题——如未被治愈的个人心理创伤及情绪压力，都是如此。

许多人因为害怕情绪之苦而表现出某种程度的麻木，这种痛苦来自被否认、被忽略和被吓坏的内在小孩。在我一生的工作中，我看到人们通过做内在工作疗愈他们对痛苦的恐惧（包括对无力感或失控的恐惧）之后，发生了真正的转变。当外部世界的情况让我们心烦意乱时，当下的生活吸引了我们的注意力。当我们养成习惯，通过这些烦恼来探索我们的内心世界、拥抱并接受我们发现的任何不愉快的现实后，现在，我们拥有了更强大的内在韧性。我们可以更快地从失望和烦恼中恢复过来。我们不会陷入麻木、不作为或出现触发反应。我们知道如何对痛苦的现实（包括内在和外在）保持专注和好奇。在具备了一套做内在工作的技能后，我们就会知道如何应对生活中的枪林弹雨。在这个混乱的时代，无法接受现实的大有人在。他们把太多的精力浪费在应该或者不应该发生的事情上，而不是正在发生的事情上。这阻碍了他们看到并处理正在发生的事，也阻碍了他们处理实际发生的事。触发原理教会我们把注意力和精力放在有益的地方。我们学会与自己和世界上不熟悉的或者害怕的部分进行“你我”对话。我们不是要建立防护墙或拥有带有侵略性的武器库，而是保持关注力、心怀好奇心和进行自我探究。

有些人曾经回避难以忽略的真相，现在却变得兴致勃勃、想要知道更多和学习更多。也有些人曾经倾向于过于简单化、单方面地看待问题，如今却变得能够超越“问题的层次”、从更宽广的视角看待事情，看到复杂系统的各个部分是如何协同工作的，而且从双方面或者多方面角度提出解决方案。我们许多人都没有意识到我们的复杂性或多面性，直到我们开始探索隐藏在我们心灵阴影下多个方面或多种层次的存在。触发原理是一条途径，让我们承认自己的多面性，也承认伴随而来的内在力量和外在力量。我们认为会压倒我们的变成了我们的超级力量。这是一项复杂的工作——创造系统(包括我们的内部自我系统)。在这个系统中,我们的所有部分都能相互看到、相互交流、相互了解和相互关心。

我们生活在压力重重的时代。世界比人类头脑所能理解的更加复杂(就我们目前的意识水平而言)。但生活赋予了我们处理这一复杂世界所需的工具。它隐藏在我们自己的潜意识里。那些有勇气探索潜意识的人将掌握人类未来的钥匙。

FROM TRIGGERED TO TRANQUIL

总结

在本书中，我希望我已经让你们清醒地看到了触发原理的深远意义。我希望你们已经看到：通过承认自己有时感到渺小和困惑，你们的内心可以变得更加坚强也更有韧性；否认自己的任何部分都会最终削弱你，因为当你试图回避或否认一种痛苦的现实时，你会失去有效处理问题的力量。

我希望你已经看到，美好的生活不一定是没有痛苦的生活，当你关注痛苦而不是回避它时，痛苦会变得更容易承受。

我希望你能认识到，如果因自己的不安情绪责备他人，这会阻碍你疗愈自己的伤口和补足自己的缺陷。这些伤口是你个人英雄之旅的一部分。这不是你的错，但既然它们出现在你的生活中，你就需要去处理。责备他人会阻碍你踏上治愈伤口的探索之路。

我希望你能更好地理解自我意识的运转功能，它如何保护你远离那些你并不需要远离的东西——比如不确定性，不舒服感，显得虚弱、贫困或不完美——以及自我意识是如何试图控制那些你实际上很难或根本无法控制的东西的。我希望你学会跳出自动思维的习惯，并提醒自己，自我意识是在你学习如何应对未满足的童年需求的过程中产生的。我们称之为“条件性思维”或“条件作用”。英雄之旅的目的是摆脱你的童年条件性思维，这样你就可以根据实际正在发生的事情而不是你害怕会发生的事情做出理性的选择。你之所以害怕它会发生，是因为当时你是个孩子。

我希望你相信，经常停下来了解自己的内心状态是一种很好的练习。即便你没有被触发，这样带着觉知的休息也是有益的，这可以帮助你减少触发事件。当你把停一停作为日常生活的一部分时，你的神经系统就会有时间平静下来，你也能有更精微的感受。这会促使你拥有一个更广阔、更敏锐的意识范围——你可以一次看到更多当下的现实，也可以更好地“看到未来”。因此，你会避免很多意外。

停顿还能增强你的自我觉察能力。当你站在觉察者的立场上时，你会较少地使用条件性思维——你一旦感到不安，就总认为是自己出了什么问题。从觉察者的角度来看，任何感觉都可以出现，也可以被接纳。觉察是以一种宽广的胸怀来迎接一切真实的事物。它允许你轻轻地抓着你的痛苦，却又也知道这种痛苦不是你的本质。觉察者允许你体验情感的痛苦并紧抓不放，却又并不把痛苦真的当成一种痛苦。

我们生活在一个不确定的、复杂的，而且常常令人不知所措的时代。为了更好地应对我们面临的挑战，人类需要开发和利用更多的潜能。阻碍我们发展的主要因素是，我们对离开舒适区感到恐惧(即不愿改变)——发展需要努力，而努力并不让人舒服。触发原理教会我们不要逃避不舒服的感觉。我们了解到，当我们拥抱自己的疼痛和恐惧时，疗愈过程会自动发生。这使我们能够有能力应对更广阔的世界，而且不会感觉不适。我们发现了一种与自己各部分之间的全新关系，而且认为这是我们痛苦的根源。事实证明，否认自己的任何部分都会导致我们痛苦。这些都是从触发原理中学到的课程。我们学到的是，我们确实有能力应对不可忽略的事实和意外。世界需要我们当中的更多人来指引这条路。

图书在版编目（CIP）数据

人为什么会吵架：冲突背后的创伤触发 /（美）苏珊·坎贝尔著；崔子涵，刘璐译. —杭州：浙江大学出版社，2022.4

ISBN 978-7-308-22177-1

Ⅰ.①人… Ⅱ.①苏… ②崔… ③刘… Ⅲ.①心理交往 Ⅳ.①C912.11

中国版本图书馆 CIP 数据核字(2021)第 277652 号

人为什么会吵架:冲突背后的创伤触发

（美）苏珊·坎贝尔　著　　崔子涵，刘　璐　译

策　　划　杭州蓝狮子文化创意股份有限公司
责任编辑　顾　翔
责任校对　张一弛
封面设计　JAJA Design
出版发行　浙江大学出版社
（杭州市天目山路 148 号　邮政编码 310007）
（网址:http://www.zjupress.com）
排　　版　杭州青翊图文设计有限公司
印　　刷　杭州钱江彩色印务有限公司
开　　本　880mm×1230mm　1/32
印　　张　8.125
字　　数　181 千
版 印 次　2022 年 4 月第 1 版　2022 年 4 月第 1 次印刷
书　　号　ISBN 978-7-308-22177-1
定　　价　59.00 元
